陕西出版资金资助项目

秦巴栈道

秦建明 ◎ 著

QIN-BA ZHANDAO

陕西师范大学出版总社

图书代号　SK17N0151

图书在版编目（CIP）数据

秦巴栈道 / 秦建明著．—西安：陕西师范大学出版总社有限公司，2017.6
ISBN 978-7-5613-8902-7

Ⅰ．①秦…Ⅱ．①秦…Ⅲ．①古道—介绍—陕西Ⅳ．①K928.78

中国版本图书馆CIP数据核字（2017）第017320号

秦巴栈道

秦建明　著

责任编辑	王红凯
责任校对	刘存龙　王文翠
版式设计	前　程
出版发行	陕西师范大学出版总社
	（西安市长安南路199号　邮编710062）
网　　址	http://www.snupg.com
印　　刷	陕西金和印务有限公司
开　　本	700mm×1020mm　1/16
印　　张	15.5
字　　数	180千
版　　次	2017年6月第1版
印　　次	2017年6月第1次印刷
书　　号	ISBN 978-7-5613-8902-7
定　　价	45.00元

读者购书、书店添货或发现印刷装订问题，影响阅读，请与营销部联系、调换。
电话：（029）85307864　　传真：（029）85303879

序

人皆有所爱，我自然也不例外，我喜欢栈道。

栈道之妙甚多。

古代道路中的栈道与桥梁，是穿山越水的特殊道路工程，凝结着古人的智慧与技巧，是古代道路工程中的璀璨明珠。

世上本无栈道，栈道是人类无中生有，发明创造而出的。人都喜欢足踏实地而行，而古人不知怎么突发奇想，创造出栈道，让行者凌虚而越，踏上另外一种道路。这一改变，给山区古道上增添了云生马头、人语半空的神奇景观，路途生出异样的感受。

行路其实如读小说，平铺直叙，令人昏昏欲睡，了无兴趣。而行于山间，变化迭出，一山方去，一山来迎，山高水低，盘旋起伏，千回百转，看之不尽。而其间栈道突现，又是其变中之变，奇中之奇。行于栈道，使行道之乐达乎高峰，如同小说读至妙处，令人拍案叫绝。

栈道入山，凿石为孔，架木为路，着力不多，轻描淡写，便入佳境。不似有些道路，劈山斩石，堵河断溪，用大力气，硬闯猛冲，方能形成。犹如擂台上，武师较技，两者一比，高下立判。

栈道无一雷同，天下之山，山山不同，有不同之山，便有不同的栈道。栈道随弯就曲，因形借势，短长曲折，各具特色，绝非一样面目。

栈道是人工与自然之完美结合，工程融入山川，木石取乎自然，可行可赏，既是道路，又是景观。

栈道，有绝处逢生、死地求活之妙。山重水复疑无路，柳暗花明又一村。行至绝地，以为无法前进，却出乎意料，用一栈道解决问题，于不可能处生出可能，给予人生以特殊启发。

因此，我对栈道怀有一种特别的情感，入山看到栈道遗址，如逢故旧，忍不住便要看一看，揣摩一番。想象它如何安排那撑架转折的结构，想象自己在上行走时的美妙感受。

恰出版社王慧子女士来访，想约我写本关于栈道的书，便欣然允诺。想将自己对古栈道的一些感想，传递于同好，更想乘古栈道行将消失之时，为其留下几幅倩影。没有想到，动起笔来，方才发现力有所不逮，事有所不能。古道之复杂，不易追究；栈道之美，难描难画。故用力虽巨，效果却差强人意。

也只能如此了。

目 录

秦巴栈道

1	秦巴山区古道
7	第一章　故道
9	陈仓古城
14	铁马秋风大散关
19	红叶寂寞灵官峡
25	青泥岭白水路之争
29	嘉陵江畔郙阁颂
33	灵崖寺
36	蜀道咽喉明月峡
39	千佛崖
44	昭化古城
47	剑阁峥嵘

53	**第二章　褒斜道**
55	五丈原诸葛亮庙
61	西当太白有鸟道
66	萧何月下追韩信
70	褒城寻古道
76	汉中的小茶馆
81	寻觅褒中
85	汉中怀古
91	**第三章　连云栈道**
94	回车古道之谜
96	英雄神仙张良庙
101	**第四章　金牛道**
103	沔阳武侯祠
107	定军山
111	五丁开山话金牛
114	七盘关
116	龙洞背

第五章　米仓道

- 119
- 121　初访米仓道
- 124　南江天生桥
- 127　庙坝行
- 131　米仓铁屐

第六章　傥骆道

- 135
- 138　仙游寺与骆峪道
- 143　凄凄凉凉老县城
- 148　华阳古镇

第七章　子午道

- 153
- 156　小寺解得大烦恼
- 161　光影摇曳对丹崖
- 165　红树嘴栈槽
- 169　山崩地摧寻古道
- 172　石羊关天险难越
- 175　绞绡红透仙姑碥
- 178　众里寻她千百度

184	**第八章　大宁河古道**
186	剪刀峰遇险
190	孤独白龙过江
197	独走铜罐沟
202	工人街与鹞山崖
208	**第九章　武关道**
210	蓝峪古道
215	初入蓝峪悟真寺
219	王维的辋川别业
222	商山四皓
225	秋上鸡冠峰
230	神秘古洞巴人踪
236	**后记**

秦巴山区古道

古人称秦岭"脉起昆仑，尾衔嵩岳"[①]。昆仑—秦岭这条绵延数千里，雄浑壮阔的山脉，横亘于中国中部，形成一道巨大的南北屏障，因此也被尊称为华夏的国脉、大地的中脊。而秦岭也正是中国最具代表性的两大水系黄河与长江的分水脊。这条大山的南北，气候不同，民风各异，它与东部的淮河，共同成为中国地理与文化的一条显著分界线。中国人常常提及的南方、北方，南方人、北方人，就大致以此一线为界。

秦岭之南，还有一列高山，名曰大巴山，这是横亘东西的又一道天然险阻。大巴山自陇南歧出，伸向东南，余脉东达武当，绵延至汉口。巴山实际上是长江与其最大支流汉江的分

秦巴山区

[①] 毛凤枝：《南山谷口考》，民国二十三年（1934），民国陕西通志馆"关中丛书"本。

水岭。《元和郡县图志》曰:"巴岭,在(南郑)县南一百九里。东傍临汉江,与三峡相接。山南即古巴国。"①也就是位于江汉间的一列大山。

秦岭与巴山,云雾缭绕,峰高谷深,是为秦巴山地。古人为了沟通南北,于巍峨群山中开辟出多条越岭通道,横穿秦巴山地。这些深山的险峻道路中,隐藏有古人发明的一种特殊的架空道路,名曰栈道。为了越过深山中的绝壁陡崖,周秦以来,秦巴山区古道中构建有大量栈道,这些古道也被后人称作"秦巴栈道"。

在这里,"秦巴栈道"就是指含有栈道结构的秦巴山区古道,而这些道路并非全部由栈道构成。

若问何谓栈道,北魏时的崔浩说得最为明白:栈道就是"险绝之处,傍凿山岩而施板梁也"②。栈道是一种特殊结构的道路,是一侧依靠山崖,另一侧凌空的高架道路。中国古代的栈道,大多依山凿孔,内插木梁或者石条,伸出石壁,然后于其上架设道路。山区道路,除了栈道之外,还有

太白山保存的古栈道

原址复建的巴山古栈道

---

① 李吉甫:《元和郡县图志》卷二十二"兴元府"下,中华书局2005年版,第558页。
② 司马贞:《史记索引·卷三·高祖本纪第八》,中华书局1991年版,第36页。

其他结构的道路。栈道只用于其中的越险路段。

秦巴山区古代主要的交通道路系统,如果从宏观上看,可以视为"九纵三横"。九纵即秦岭中最西侧的故道,向东依次为褒斜道、傥骆道、子午道、武关道,巴山中自西向东依次为金牛道、米仓道、荔枝道、大宁河道。三横之一即秦巴山区北侧的东西大道,以渭水沿线道路为代表的北线;其二是处于秦巴山区中部的东西大道,是以汉水沿线道路为代表的中线;其三即为秦巴山区南侧的东西大道,以长江运道为代表的南线。这些道路纵横交织,构成了古代秦巴山区的骨干道路网。其中有些道路水道、陆路交融,不可分割。古人习惯于称自秦达蜀之道为"蜀道",所以蜀道并非特指某一条道路。

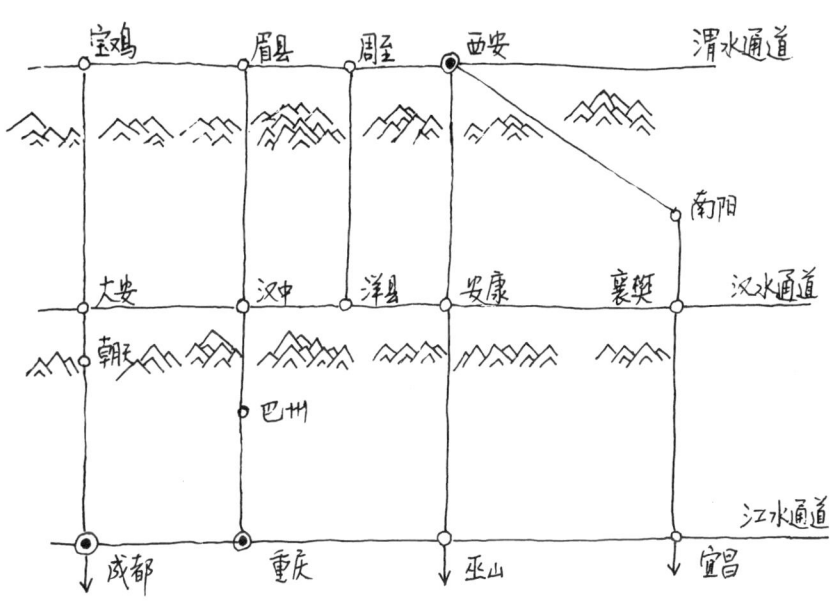

重峦叠嶂的秦巴山区九纵三横古道图

汉江蜿蜒千里,位于秦岭与巴山之间,汉江上游有一汉中盆地,北越秦岭可达三秦,南越巴山通于巴蜀。盆地的中心城市汉中市,是秦巴古道的枢纽,蜀道、巴路交会于此,南栈北栈,其乃中点,故其地位尤其重要。汉江中游还有一安康盆地，盆地中的安康市则是陕南东部的一处古道枢纽。

秦岭巴山山区古道，以工程艰巨、道路险峻而名扬天下。战国时，便已经"栈道千里，通于蜀汉"。北宋时，虽然有许多栈道已经为碥道取代，但自凤州至成都，架空之桥梁栈道，依然存有九万多间。如此惊人的工程规模，令后人几乎不敢想象。所以，中国的古代栈道，不仅是中国历史上的奇迹，在世界上，这样的规模也绝无仅有，也是世界交通史上的奇观。

中国古代的道路，东西发达，南北相对较弱，这是因为，古人好沿水往来，而中国的河流水道，大多是东西向的，而山脉走向也多是东西向的，这就使得东西道路较畅通而南北道路多险阻。特别是秦岭巴山间的道路，险峻难行，自古以来即被视为畏途。但这些古道，经过多个朝代大力开辟，正好可以改善这种南北交通的不足。古人利用栈道技术，穿越天险，沟通南北，加快了秦岭巴山南北的联络，促进了区域间经济、文化、政治、军事的交流往来，其影响巨大而且深远。

中国古代有两条著名的景观大道，一条是经过三峡的川江水道，另一条就是穿越秦岭巴山的蜀道。这两条道路，既险且奇，有声有色，如诗似画，有史有歌，游人无不向往。行于蜀道，山川雄奇，栈道艰险，已经让人惊心动魄，加之与历史胜迹情景交融，更能勾起行人的无限联想。真是一路行去，满眼成画，所遇皆诗。旅途中的行止淹留、空山月冷、漏屋听雨、茅店闻鸡、板桥履霜、"巴山夜雨涨秋池"、"细雨骑驴入剑门"，在这里皆是创作题材，诗人、画家根本不用因为没有题材而无病呻吟、弃笔不作，反倒是思绪万千，应接不暇。

千里栈道，遂成为一条充满艺术韵味的诗路画廊。古人也为后世留下了许多有关栈道的优美诗歌，留下许多描摹栈道的山川画图。

秦巴山区，古来人烟稀少，司马相如记秦岭"崇山茏葱，崔巍嵯峨，深林巨木，崭岩参差"。古代的秦巴山区有着大面积的原始森林，那里是动物的世界、鸟兽的天堂，而少有人迹。这种良好生态的保持，一方面是

古代绘画《蜀山行旅图》中的栈道

因为人类生产力和开发能力尚不能对其构成大规模的破坏,另一方面,也得益于古代的领地制度与敬天思想。如西周时即有虞人之职,专掌山泽鸟兽,不许随便砍伐开垦、渔猎捕杀。

秦巴山区丰富的自然资源,如同天府。像材木竹箭、奇珍异兽,皆朝廷所需,民间所求。栈道的开通,加快了秦巴山区的开发,同时也带来一些副作用,如森林与动物资源逐渐减少。

山区道路经过长期发展,其道路结构也有所改变。自汉代起,即有将栈道改为碥道之事。碥道虽然凿石开道,工程比栈道大,但其安全性要高得多,维护成本也很低。所以自唐宋以降,更多栈道为碥道取代,栈道数量越来越少。及至近代,公路与汽车出现并进入山区,山区交通形式发生巨变,萦绕的山区公路,取代了许多栈道。而现代铁路与高速公路在山区大规模的修筑,进一步加剧了这种变化,古栈道不是被新道破坏,就是沦为荒路废途。时至今日,秦巴栈道大部分已经不存,只有一些遗迹处于深山,尚能行走的古栈道则极为稀少。延续了两三千年的古栈道,日见湮灭。

栈道千里的景观，也成为人类交通史上不可再现的绝唱。

但与此同时，出于怀旧和旅游业的发展，游览栈道却在一些景区发展起来。这些栈道，形式与传统栈道相类，但在构架材料与构筑方式上，则大多与古时不同。

在今日看来，秦巴栈道不单单是一条条普通的道路，而是历史上重要的经济文化、政治军事通道。它们是古代道路工程的精华，展示着古代道路规划者的大气和智慧，展示着古代工程技术的精巧。秦巴栈道还催生了一批沿线的城市与村镇，留下了大量文物古迹、碑刻摩崖，凝聚了丰富的历史，传承着许多文化。

秦巴栈道的影响，不只是地理空间中的几条线段，而是有其纵深；也不只是历史时间中的几个时段，而是有其绵延。秦巴栈道的确是一份珍贵厚重的历史文化遗产。

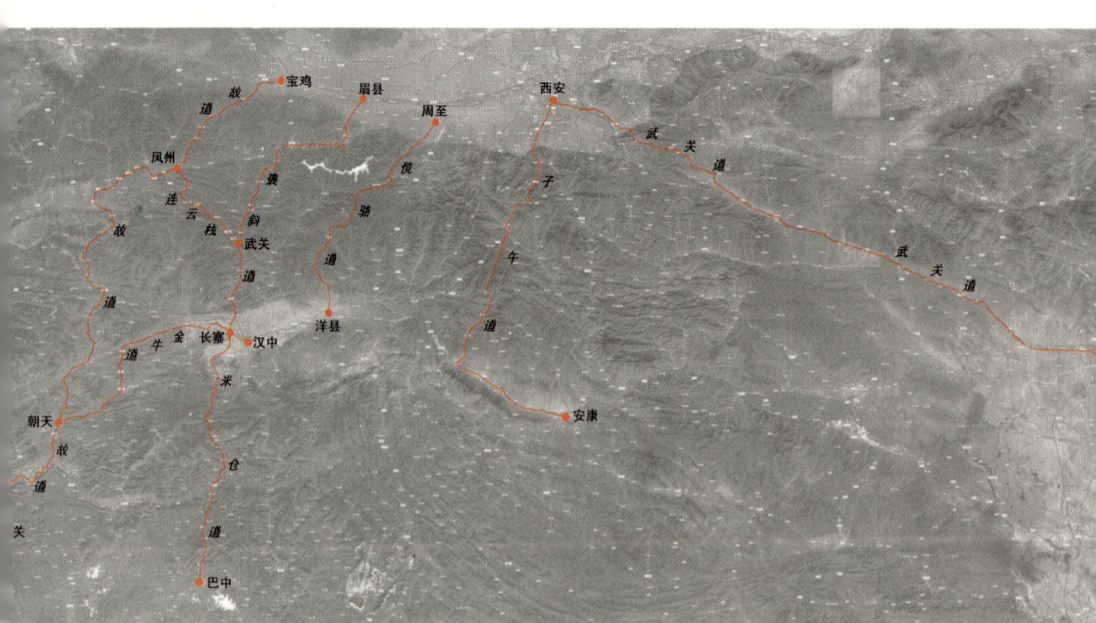

秦巴山区古道图

第一章 故道

故道，是自关中穿越秦巴山区最西的一条古道，它北起今日的宝鸡，跨越雄伟的秦岭，高峻的大巴山，南到四川的剑门，最后抵达成都，全长千里之上。

故道是秦巴山区著名的一条古代交通大道，也是秦巴古道中影响最大的道路。在关中建都的时代，故道是首都通往中国西南部最重要的大道。

故道又名陈仓道。宝鸡古称"陈仓"，故道自南而来通达陈仓，自北而下始于陈仓，所以名陈仓道。亦有称其为嘉陵道者，盖因其主要路径多沿嘉陵江而行。

故道开辟的历史很早，周公季文王施行仁义，诸侯归之，及周武王伐纣时，巴

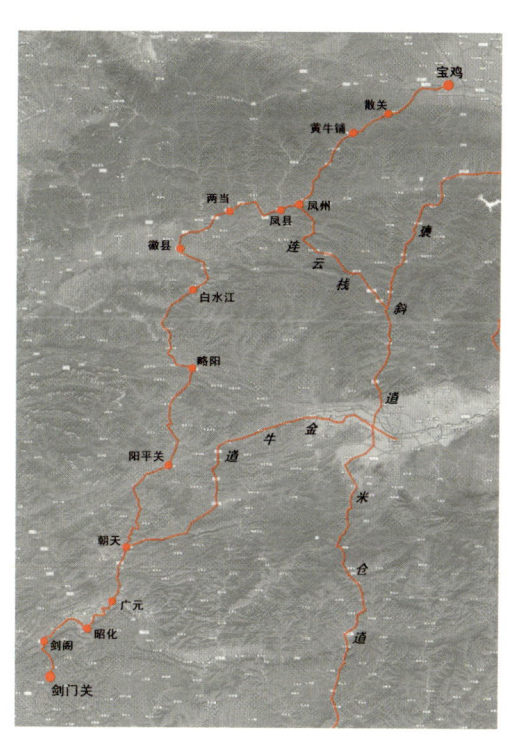

故道线路图

蜀军队皆从，亦可证周蜀早有沟通。故道北段所历山谷，古名"周道谷"。

秦人与故道关系密切，历史记载也有反映。《史记·货殖列传》："及秦文、德、穆居雍，隙陇蜀之货物而多贾。"①当时雍地（宝鸡凤翔一带）已经成为秦陇蜀三地物资交汇之商业中心，那么其地通蜀之道就应当是这处故道。

关中作为帝都千年，虽有多条道路可以沟通西南，但山水险阻，均无故道稳定。在以后的历史上，故道大多时间都是主要"蜀道"。

故道西接氐羌，道路常常因战乱中断，历代患之。所以许多朝代都想寻求一条安全道路取代之，但结果都不理想。最终，入蜀之大道，宁肯在局部路段左右绕道，也依然以故道为主。

古人于崇山峻岭中寻求通道，往往沿大水长沟而行。而故道所选择的嘉陵江，正是这样一条理想的河谷，它穿越巴山，同时又几乎穿越秦岭，连接秦蜀的条件最为便利。从关中平原到四川盆地，只需翻越一道秦岭山脊，便进入嘉陵江上游，然后顺水而行，不再需要翻什么大山，就可以到达目的地。其他古道，可就没有这样的便利条件了。新中国成立后，入川的第一条铁路宝成铁路，就沿故道这条古人选择的最佳线路，铺设南下。

故道最大的优势，是可以借助嘉陵江航运之便，航运之利，十倍于陆，这一优势，诸道皆无。嘉陵江航道旧时非常发达，如朝天镇以北沿江地名有大滩、二滩、三滩，这些地名就都与航运有关。略阳的江神庙、灵岩寺，也都与船工、行旅祈求平安有关。白崖江岸汉代石刻《郙阁颂》，历史上被行船纤绳磨出数道深深的石槽，也是古代航运发达的标识。嘉陵江航道一般向上游可通至白水江（古长举县）。抗日战争时期，重庆东的长江水道阻断，嘉陵江航道成为陪都通往西北与抗日前线的重要通道，其后修筑宝成铁路时，嘉陵航道又作为重要辅道发挥作用。当时满江皆船，号子声此起彼伏。这两次大规模的航运，再次证明了嘉陵江的航运能力。

---

① 《史记·货殖列传》，中华书局本，第3261页。

故道上的栈道，亦工程浩大。据载，北宋时自凤州入蜀，沿路桥阁计九万余间，可见路间栈道之繁密。

早期故道，主要沿嘉陵江而行，后几经改易，宋明时入蜀大道渐改为自凤州东南经连云栈入褒斜道，再由褒城经金牛道至朝天驿，回归旧路。

故道之线路，唐以来传统线路如下：

宝鸡—益门—二里关—观音堂—秦岭梁—东河桥—黄牛铺—长桥—红花铺—草凉驿—五星台—白家店—石门—凤州—双石铺—马岭寨—两当—徽县—青泥—长举—白崖—略阳—接官亭—大安—烈金坝—五丁关—宁强—牢固关—黄坝驿—七盘关—朝天—飞仙岭—广元—昭化—剑门关。

陈仓古城

那是一个秦岭深山之夜，我从阳平关乘火车回西安。列车东摇西晃，伴随着单调而有节奏的哐当声，穿行于大山之间。车厢内灯光暗淡，旅客多昏昏而睡，我没有睡意，伏在窗帘后看夜景。车窗外面，景色如流，变幻不已。这一路隧道众多，列车进入隧道，则眼前一片黑暗，不时从隧道钻出，夜景又现。明暗变幻之际，如同闪过一幅幅移动的画图，或群山之影，如魔如兽，飘忽而过；或远处灯火，三三两两，摇曳而去；或群山之间，一弯冷月，映着白茫茫的江面，转瞬即逝，再陷黑暗。就这样，列车在黝黑的群峰中，盘旋了七八个小时，终于驰下秦岭，冲出了昏暗的大山，闯入了一片无比璀璨的灯海，一座现代都市宝鸡，从车窗外扑面而来。那种冲出黑暗步入光明，从寂寞深山来到繁华都市的异样感受，让人久久难忘。

列车所行之路，就是著名的故道。宝鸡，就是故道北端的古陈仓。

古人行于故道，在无尽的崎岖山道中，艰难跋涉十天半月后，才能走出大山。当他们走出深峡陡谷的那一刹那，突觉天阔地平，有似脱出樊笼；从寂寞空山中一下来到商铺夹道、人声鼎沸的陈仓，如同游子还家。那种感受，可能比我乘车出山，更为强烈。

宝鸡地处关中盆地的西端，南侧高大的秦岭与北部黄土高原在西边不远合拢收束，中间形成一道峡谷，渭河从峡谷中东流而出，穿过市区，地势可谓狭窄局促。可就在这样狭窄的地方，偏偏挤着一座繁华都市。

宝鸡历史悠久，其前身是春秋时期即已诞生的陈仓城，至今已有两千七百多年的历史，它一直是关中西部最大的城市，长期保持着军事和商业重镇的地位。

这一城市，凭什么能在这狭窄之地出现，凭什么能延续两千多年的繁华而不衰落？人们不得不发出这样的疑问。

原来，关中西部通向四方的枢纽就在这一带。若从关中向西北，则有古回中道，可通甘肃、宁夏方向；沿千河河谷西越陇山，则可至天水、兰州，即秦文公东猎所行之道；向西沿渭河谷地亦可至天水、兰州，此为今陇海线所经；自此地向南，则有沿清姜河越秦岭梁之故道，可通巴蜀，向东则直达关中腹地长安。所以，宝鸡自古就是一陆路四通八达之地，这一特点，打下了其必然形成都市的基础。

公元前762年，秦文公以打猎为名，自天水一带率领军队进入关中西部，在千渭之交活动。他慧眼识珠，一下子就发现了陈仓独特的战略地位，在此营建了陈仓城。

陈仓城建于渭水之北的高原半坡，其地为北原脚下向南突出的一处台地。背依高原，左右夹有深沟，南侧陡壁之下，即为渭河，古道处于河塬之间。所以陈仓城居高临下，成为控制这处东来西往、南行北去交通枢纽的军事重镇。因陈仓南下巴蜀之路在城西，北上西进之路在城东，两道路并不直交。故陈仓城居中，清姜河口建益门堡，控制秦岭南下谷口，与陈仓在军事上互为呼应；千河与渭河交汇处，原坡也建有武城堡，扼千河北上谷口，并与陈仓城互为响应。陈仓则坐镇当心，制其中枢。所以，陈仓一直是关中的西大门，是关中向外出击的桥头堡，在关中建都的历史时期则是保卫帝都的西部屏障。

秦国一直垂涎巴蜀天府之富，战国晚期，司马错与张仪伐蜀，大获全胜，

陈仓城遗址航片

巴蜀皆入秦之版图。从此以后，秦国大量向巴蜀移民，加强对巴蜀的开发控制。巴蜀之财富，则源源不断流入秦地，巴蜀之人力战士，也为秦人所役。天府之国，成了秦人东进吞灭六国的大后方。当时秦地连接巴蜀的大通道，就是故道，而陈仓正是扼控故道北口的军事重镇。

故道好比一条穿越秦巴山地的狭长胡同，其北连接富庶的关中，其南通达号为天府的巴蜀。控其胡同南口者是广元，控其北口者则是陈仓。所以，故道又名陈仓道，陈仓是故道的端点，是秦陇蜀三地联系的交汇枢纽，是人流物流的集散地，是管束故道的咽喉。如此地方，自然容易形成市场城邑，只要道路不断，也必然会经久不衰，长期繁荣。

陈仓因具有内外往来的通道、物资吐纳的咽喉的特殊地位，所以自古争夺激烈，战事频繁。最著名者为"明修栈道暗度陈仓"的故事。汉初刘邦被封为汉王，项羽担心汉军北上，以三秦王分守秦地，压制汉军。其中雍王章邯的部队防御陈仓。韩信采用声东击西之法，明修栈道，吸引对方注意，使对方误判汉军进攻方向与时间，然后突袭陈仓，章邯大败。汉军攻下陈仓，乘胜东进，夺取了关中。

东汉建武四年（28），汉将冯异在陈仓两战，大破公孙述手下大将程焉与吕鲔。中平五年（188），凉州贼王国围攻陈仓八十余日不能下，左将军皇甫嵩救之，待其力疲，大破王国于陈仓。

汉末三国纷争中，诸葛亮欲效仿韩信，力图袭夺关中西部的军事重镇陈仓，一举拿下关中。然而与前不同的是，陈仓之军事优势，对方备知，城上早有重兵把守，守城者又是深通兵略的名将郝昭，已经重新对城垣构筑加固。故这一仗异常惨烈，蜀军架云梯、冲车攻城，郝昭以密集火箭射其云梯，梯燃，梯上人皆烧死。郝昭居高临下，率兵以绳连石磨砸其冲车，冲车倾折。诸葛亮更造井阑百尺，以射城中，乘机以土丸填堑，欲直攀城。郝昭又于内筑重墙。蜀军挖地道入城，魏军则于城内挖沟横截。昼夜相攻二十余日，以诸葛之才，数万兵力，竭智穷力而不能下。其后魏救兵赶来，蜀军只好退兵。

陈仓是英雄扬眉鏖战处，也是美人凄凄埋骨地。

杨贵妃之姐虢国夫人，美丽无双，不施脂粉而见天子，号为"素面朝天"。杨家姐妹深得玄宗宠幸，杨家一时尊贵无比，五花结队长安出游，珠钿宝翠，香遗满路。但乐极生悲，安史之乱爆发，玄宗西逃，长安失陷，众人移恨于杨氏，杨贵妃被缢死于马嵬坡。虢国夫人和杨国忠妻仓皇而逃，来到陈仓，陈仓县令也率人追杀。虢国夫人弃马躲入树林，眼见逃生无望，一狠心，将自己儿子、女儿与嫂杨国忠妻刺死，血溅林中，然后自刎。但一时未死，被县令搜得，关入狱中。虢国夫人死后，葬陈仓东廓门外。今当地有一大椿树，独立塬上，亭亭如盖，传即为虢国夫人杨氏墓所在。那株树，大约就是虢国夫人的一缕香魂。后人有诗云："抔土空埋粉黛香，荒烟蔓草久凄凉"，"东廓抔土掩香肌，无复金门趁晓骑。地下如留西幸驾，还应淡淡扫蛾眉"。

陈仓在唐代改名为宝鸡。宝鸡之名,与当地著名的陈宝祠有关。

这是一个神奇而历史影响巨大的故事。

传说秦文公时,陈仓有个猎人捕得一头像猪的怪兽,不知其名,以为是宝。遂牵怪兽出门,准备献给秦文公。道上逢二童子,童子笑指怪兽曰:"这东西名叫媦,常在地中食死人脑。如欲杀之,可以击打其头。"那个怪物本来不吭不响,见童子揭穿自己本来面目,大怒。于是也开口揭露童子说:"这两个童子名陈宝,是一对鸡精,得雄者王,得雌者霸。"陈仓人一听,立即又去捉童子。不想那二童子化形为雉,振翅飞走。那只雄雉飞向东南,追赶不及。雌雉飞上陈仓北阪,寻至其地,变化为石。秦文公得到此石,大喜,于陈仓立祠祭之。这处祠庙,即陈宝祠。或说雄鸡名陈,雌鸡名宝,故这处神祠,又叫宝夫人祠。

陈仓城南的秦岭,有一鸡峰山,山高峰奇,生得与众山不同,那座奇峰正对陈宝祠,传说陈宝即出于鸡峰山。说来也怪,祭祀陈宝之时,常有隐隐雷声,野鸡皆鸣,天现红光,长十余丈,或光辉如流星,自东南冲陈宝祠而来,人云为陈宝相会。陈宝如此神异,令人震惊,加上"得雄者王,得雌者霸"的预言,让怀有称霸和称帝之雄心的秦君又惊又喜,遂对陈宝隆重祭祀。

自建陈宝祠后,秦国也日益兴旺,似乎应验了"得雄者王,得雌者霸"之预言。这一来,越发刺激了秦国扩张国土的野心,陈宝祠成为秦人发奋图强的精神支柱。到秦穆公时,秦国果然称霸诸侯,最后秦始皇竟然吞并六国,统一天下,成为帝王。秦人发现了陈宝,充分利用了"陈宝王霸"之说,将其神化为上天降王霸事业于秦的最大瑞兆。

这座神祠对鼓舞秦人建立王霸之业,起到了不可小觑的作用,同时,也成为君权神授的依据之一。秦人世代祭祀陈宝,"其光景动人民惟陈宝"。陈宝几乎成为仅次于上帝的国神。

秦亡之后,刘邦剑指三秦,率先夺取了陈仓。定都长安之后,继承了秦人对陈宝的祭祀,后来天下大废神祠,而陈宝祠竟然不废。《汉书·郊祀志》记汉王朝对陈宝祭祀，每有瑞征，都要祠以太牢，并向皇帝报告福祥。仅西汉一代，陈宝现瑞，就发生一百五十次以上。至东汉时，刘秀起于南阳，于是术士重拾陈宝得雄者王之说，称雄雉飞于南阳，故有刘秀出而王天下。直到唐代，还有人借飞雉出现，向帝王推崇此说。

陈仓今有新建陈宝祠，自春秋至今，陈宝祭祀香火不断，已经延续了两千七百多年。这座祠庙是中国历史上影响最大的祠庙之一，在中国历史上，有其特殊意义。研究中国宗教史、思想史不可不谈陈宝，也不可不知陈宝神祠。

一座陈仓城，承载有如此丰厚的历史，让人感叹。现代陇海铁路与宝成铁路在此接轨，高速公路、国道也在此交会。无数列车呼啸而过，无数车辆流水般往来，更清晰体现出其交通优势，展示出其繁荣不衰的强大支撑力。

至今，陈仓古城之下，还埋藏着大量的古代遗迹。这里曾出土很多珍贵的青铜器，出土过战争遗留的箭镞，发现有粮仓、水井，以及众多建筑和墓葬。其中，也包含着那处神秘的陈宝祠遗址。这些遗迹，伴随着那一代代纷乱的历史，等待着后人前去解析。

铁马秋风大散关

古代道路上，多设有关卡，战时据险守御，平日收税查奸，是所谓"王公设险以守其国"。故道作为秦蜀间最重要的古道，其沿线有众多雄关，其中的大散关尤为著名。

散关之得名，可能源于西周时建国于这一带的散国，当是古散国的一个重要关口。战国时期，散关为拱卫关中的四关之一，唐时曾将散关列为最重要的上关。

大散关位于今宝鸡市之南的秦岭梁上，地当秦蜀之要，势扼南北之交，为故道之咽喉。秦蜀有事，必争散关之险，在古代战争史上，散关屡显其名。

散关是兵家重地。公元前206年，汉军出散关入秦，攻入关中。《汉书·高帝纪》:"五月,汉王引兵从故道出袭雍。雍王邯迎击汉陈仓,雍兵败,还走;战好畤,又大败,走废丘。汉王遂定雍地。"①三国时诸葛亮亦兵出散关,进围陈仓。五代时,汉军大败蜀兵,南追至大散关,杀三千余人,余皆弃甲遁去。

南宋与金对峙之际,大散关处于边界,双方反复争夺,此关也多次易手。散关上的和尚原大战,最为知名。

宋绍兴元年(1131),金人自故道南下,攻宋军于和尚原,经过两场血战,金军大败。和尚原这场大捷,大大鼓舞了宋军抗金的信心。但和尚原在何地,与散关是什么关系,后人却常常搞不清楚。其实,和尚原就在散关关口东侧山梁之上。

自大散关北望故道行经的清姜河谷

① 《汉书·高帝纪》,崇文书局2014年版,第20页。

《云麓漫钞》曰:"自两当县趋凤州,直出大散关耳。关距和尚原才咫尺,彼尝凭原下视散关,仅如蚁蛭,故其势易以危。"①由此可见,散关在凤县之北。而和尚原则在散关之旁,距离散关不远,可以下视散关。

因和尚原居高临下,故得和尚原者可制散关,守散关者必争和尚原,宋金和尚原大战,就围绕此地展开。

绍兴元年(1131),金兵欲一部自北,一部自南,夹攻吴玠军于和尚原。《宋史·吴玠传》:"金将没立自凤翔,别将乌鲁折合自阶、成出散关,约日会和尚原。乌鲁折合先期至,阵北山索战,玠命诸将坚阵待之,更战迭休。山谷路狭多石,马不能行,金人舍马步战,大败,移砦黄牛,会大风雨雹,遂遁去。没立方箭笞关,玠复遣将击退之,两军终不得合。"

同年十月,兀术会诸道兵十余万,攻和尚原。吴玠命诸将选劲弓强弩,分番迭射,号"驻队矢",连发不绝,繁如雨注。乘敌后退时,又出奇兵旁击,断其粮道。金军攻不能下,粮又将尽,只好退兵。不想宋军设伏于神坌,突然截击,金兵中了埋伏,大乱。宋军纵兵夜攻,金人大败,兀术也中箭逃走。

和尚原数十年后又发生宋金大战,此次则为金人取胜。

公元1206年,宋将程松乘大雾暴雨,突袭方山原、和尚原、西山寨、龙门等关,金军不备,被宋军夺而据之。

宋军先占领和尚原等阵地,后因地形不熟,被金军反击夺回。通过翻阅历史记载,我们就明白:散关建于秦岭梁上一处山口,东侧为和尚原,地势高缓,可以设栅驻兵,下控关口。山口西侧为西山,亦可设寨防御,与东山夹守关口。和尚原与散关口近在咫尺,并不遥远。占领和尚原,便基本控制了关口,故数次大战,双方皆极力争夺和尚原。大散关之战,遂成为和尚原争夺战。故在宋人眼中,和尚原几乎取代了散关。

1994年秋,秦岭顶分水岭处曾挖出宋代《重修大散关记》残碑,附近又发现许多宋瓷残片和古建筑痕迹及箭镞等古代兵器遗物,古道西侧还发

---

① 《云麓漫钞》卷一,四库本。

现有古井。清人党崇雅所刻《大司马修栈记碑》曾树于散关关口。

后人常称秦岭梁为“煎茶坪”，煎茶坪实为秦岭散关之别名。清人陶澍《蜀輶日记》曰：“五里煎茶坪，坪据大散岭之颈，左水入渭，右水入嘉陵江，盖中干界脉也。古和尚原当在此，地势高平，西迤东险，与二里关声势相连，天然隘守也。”①

《三省边防备览》卷二道路考上：“煎茶坪高峻，上下险路三十里。”②

《蜀道驿程记》曰：“初二日，阴晦，过和尚原煎茶坪。坪高出众峰上，俯视四山，云雾如沆瀣一气，皆在足下。”③

散关为什么被称为“煎茶坪”呢？传说汉高祖曾驻马煎茶于此。也有说法是此地山泉清澈，旅人登山，于此喝茶休息。这恐怕都有些望文生义。煎茶坪应当是检茶坪或监茶坪之讹。秦人读“煎”之音如“检”，久而久之，检茶坪就变成了“煎茶坪”，秦岭大梁也成了“煎茶岭”。唐宋兴起的茶马交易，主要是以川陕内地之茶与西北少数民族交换马匹的商贸活动，这种交易一直延续至明清。故关隘要地，多有检茶之所，验看茶引，以防走私逃税。一说茶马互易，许多人都会想到四川、云南的“茶马古道”。其实，要论茶马交易的历史、交易的规模，秦巴古道都是最主要的，故道才是最主要的茶马古道。历史上大量的茶叶商贩，皆由此过境，从而留下了煎茶坪之名。直至近代战争对于战马的需求大减，近代运输对于马匹的运用日少，茶马交易才日渐萎缩。

古代散关，实为一完整的防御体系。

今日散关北清姜河谷中有二里关，也号为大散关。其地东西两山高耸，河谷突然收窄，如一短峡。西山壁立百米，东山较西山更高，有一道石梁，自东山顶逶迤而下直至河岸。这道石梁斜插入谷中，如同一道石城。古人设关于此，易守难攻，两侧则山高林翳，难以偷渡，真天险也。关口下游

① 陶澍：《蜀輶日记》卷上，早稻田大学藏本。

② 严如熤：《三省边防备览》，民国陕西通志馆“关中丛书”本。

③ 王士祯：《蜀道驿程记》卷上，康熙年版。

至益门间,地势开阔,难以防御。关口之后,山势复开阔,距峡谷口上游五百米有小村,名曰二里关,可以屯兵设营,守关防御。这一关隘,守南防北形势最佳。

散关南侧有一石门关,其也有散关之名。石门关地处秦岭之南坡,今凤州火车站以北七公里处的峡谷地带。清人《蜀道驿程记》就提到这处石关,并说:"石关,即大散关也。关下有大散水,又曰故道水。"①

日本竹添进一郎在中国旅行,写有《栈云峡雨日记》,在文中曾提到石门关之形势:"过红花铺……投白家店……抵石门关。陡崖壁立,望之如门,盖以是得名。山之右耸者,腾空而下,蜿蜒如龙,与左边一峰戴石作虎形者适相抵,如锁钥然,故又有双锁之名。关据龙背,实栈道之咽喉也。过此地势稍平。"

其地嘉陵江环绕东岸山梁,向西有一大转弯,使东山梁成为伸入江中的一道条形半岛。其势如龙,古道至此,便离开江岸,从"龙脊"上横越,再回到南侧江岸。峡谷中多栈道险路,古关设于龙背,正扼峡中咽喉,其地亦曰石门岭。峡谷之南,山势渐低,河谷亦阔,南行十余里,即为龙口镇。

《宋史·吴玠传》:"金将没立自凤翔,别将乌鲁折合自阶、成出散关,约日会和尚原。"这支自阶、成而来,北攻秦岭梁和尚原的金军,所经散关,即此石门关。

至此,我们就发现,故道之上共有三处号为散关之地,即秦岭梁顶的大散关、北坡的二里关、南坡的石门关。统而言之,大散关为一大防御系统,即以处于最高形势的秦岭主梁为中心,加以南北二座辅关构成。其中,处于中心的是秦岭关,即古散关,此地明清或曰煎茶坪,因地近和尚原,有时也被宋人混称为和尚原。

散关北坡主要防御处为二里关,防御方向为北方,可称之为散关的北侧下关。岭南坡主要防御处为石门关,防御方向为南方,可称之为散关的

---

① 王士祯:《蜀道驿程记》卷上,康熙年版。

南侧下关。所以，此二处关隘也可以笼统称之为大散关。

大散关之名，可谓复杂。

散关防御系统是严密的，这套体系不但充分利用秦岭梁的高峻，构建中心防御带，同时也利用主梁两侧道路上的险要地形加设关防。若北方之敌南来，必得先攻二里关；若南方之敌来，必得先攻石门关。敌人只有突破下关，才能进攻主关。下关即便被攻破，也能起到消耗敌方有生力量与延缓敌方进攻速度的作用。

红叶寂寞灵官峡

2012年秋，得缘入凤县游览，一路自宝鸡出发沿故道老路，直至马岭关南。

故道越秦岭之后，便一直沿嘉陵江而行，但至凤县下游，突然离开嘉陵江岸，西折入甘肃两当、徽县，然后复于白水江回归江岸。这一段道路，为何如此绕行，一直让我纳闷不已。此行目的之一，即欲试探其因。

乘车越过秦岭上的散关，向南下坡，便进入长江流域，但见河谷开阔，山势顿缓，众水南流，林密气暖，景观已经与秦岭北坡有所不同了。自秦岭之巅下至坡底，过一桥梁，古道便沿那条小河而下。这条小河就是嘉陵江之上源，古曰故道水，而那处桥梁，自古即有，曰东河桥。自东河桥沿江至凤县，除长桥至凤州北有些山岭外，一路地势开阔。沿路许多民房，都簇新簇新，白墙青瓦风火墙，竟是徽派建筑风格，异常醒目。这些新房，是凤县开展旅游建设，打造羌文化时统一改建装修的。其实，这一带原先的民房，样式大致与关中西部相同。凤州附近还有一些窑洞，更具关中北部风格。

说到这里的窑洞，它们并非开凿于岩石上，而是在黄土中挖出。在秦岭南坡出现黄土和黄土窑洞，让我感到新奇。一般来说，黄土的分布多在秦岭之北，这一区域出现黄土，有点"侵入"秦岭之南的味道。当然，一同"侵入"的还有窑洞、建筑与民风。这一现象，不禁让我想起古代的散国。散国与大散关关系密切，但散关之北尽是深谷，几无可耕之地；而散关之南的嘉陵江河谷，以凤县为中心的小盆地，却有不少耕地，可以发展为一小国。也许，这里就是散国早期的中心。西周时散国和关中诸封国，都是带有浓郁黄土气息的国家。

细看这里的黄土，实为在盆地边缘残留的多级黄土阶地。这种阶地，按照现代河流发育学说，应当是水成淤积物。也就是说，只有下游出现了河谷壅塞，方能形成这种淤积物。

途经凤州老城，一条名为安河的河流自东而来注入嘉陵江。凤州是凤县的老县城，历史上一直是这处小盆地的中心城镇。但后来其南的双石铺因交通渐渐发达而日益兴旺，特别是民国时川陕公路与故道交会于双石铺，其地货物人流大增，后县城迁至双石铺，取代了凤州。

凤县近年旅游发展不错，集全县之力打造旅游市场。夜宿凤县新城，看了新开的景点灯山、百米喷泉、街头羌舞。但跳舞的是当地的干部与职员，化妆而舞，为促进旅游可谓用心良苦。

次日微雨略寒，但思时间不多，不能逗留，遂顺公路沿江步行而下。

打着伞，行十来里，前面两山忽合，河谷陡然变窄，嘉陵江折入峡中而去。此峡口古设有关卡，即著名的马岭关。由此沿江入山，即为灵官峡。灵官峡名，疑由马岭关而来，即"岭关峡"之讹。在南朝诗人阴铿的《蜀道难》诗中，已经出现"灵关不惮遥"的句子，说明灵官峡早就颇有名声了。后周显德年间王景攻蜀，蜀兵即分兵据马岭关防御。

峡口有一陡崖，崖下有民国时所开公路，系凿山脚为石槽而通汽车，石槽长约百米，远看很是壮观。想当年此处必为临河陡壁，否则，不会采用如此工程。

自马岭关入峡，江水清澈，峡谷陡险，两侧山丘皆为红色砾岩，丹霞地貌发育，故下游有红崖山、焦崖之名。时至深秋，天阴雨湿，而峡谷两岸山叶多红，映以碧流绿树，再笼上一层淡烟细雨，景色可人。嘉陵江西

嘉陵江从灵官峡穿过

穿越灵官峡峡口的公路槽道

岸已经被公路所破，一路不见古道之痕。自马岭关沿江而行八里，至两河口。

两河口位于凤县县城西南，是嘉陵江西岸支流红崖河汇入处。故道至此，离开嘉陵江岸，溯红崖河而上，向西北进入甘肃的徽成盆地，通向两当县城。

在两河口，打着伞，在细雨中站了好久。

我一直在想：古道为何不继续沿江延展，而突然转入一条支流，西折往甘肃两当呢？古道从两当至徽县再到白水江，还要回到嘉陵江江岸，这一圈绕下来，比行于江岸可能更远。这一问题，令人不解。

沿嘉陵江再向下游，依然是峡谷，这段峡谷长十多里，名曰流珠峡，下至一名为西坡的老镇，方才出山。流珠峡与灵官峡两峡相连，实为一道峡谷。

沿着简易公路，跨过桥梁，向流珠峡行去。

流珠峡所经也为红色砾岩，河谷更为曲折，两岸深陡，怪石嶙峋。两河口下流六百米处的峡谷，宽度仅有五十米左右，这种窄峡，洪水来时上涨极高，从沿江植被观察，其处洪水涨落幅度可达十八米上下。再向下行，江水渐深，呈现一种碧绿色，流速减缓。这说明江水下游建有水坝，自此已经进入库区。库区常常淹没河岸，古道遗址很难发现，故决定返回。

路旁时有小滑坡，观其岩石，多为红胶泥和石块胶结一起的砾岩，这种岩石构成的山体，特别易于风化和崩塌。在这种环境下，栈道不但难以修筑，也易于被破坏。加上洪水经常涨落，故道之所以离开江岸，从两河口转向甘肃绕一大弯，经两当、徽县后方由青泥岭大迁转回归于嘉陵道，或许原因即在于此。

大多研究者都认为行经两当、徽县之道，就是故道老线。我估计，故道早期应当有一段沿江而行的时期，后来因避险就易，改行于两当、徽县。而两当徽县之道，本应是被借用的一处间道。

其实，自凤县沿嘉陵江东岸至双石铺，由双石铺至马岭关南，本有道路。自马岭关南至两当西坡亦有旧道，沿途地名有东坡、仓坪、西坡等，这些地名暗示这也是一条古道。自西坡沿江经聂家湾至嘉陵镇（鱼儿崖）亦有古道，也就是说，自双石铺至虞关，存有一条傍江古道，这条古道行于嘉陵江东岸高处。因畏峡谷之险，取其山道而行。但对这条古道之探索，可能比较困难，只有等待以后的机会了。

回程路上，开始注意嘉陵江对岸也就是东岸的古道痕迹。宝成铁路老线穿山越岭，行于对岸，时隐时露，隧道连绵。当年修筑这条铁路，选线就沿江而行，也许就是沿着老的古道而行。但修筑铁路时，要建许多便道，这些乱七八糟的道路，多年风化，草木覆盖，也已经不太清楚。要在这些痕迹中寻找更早的古道，其难度可想而知。

流珠峡中，江东有一条时隐时现的步道。灵官峡近两河口处，对岸有一条现代景区所建景观栈道，架构于绝壁之上。这条景观栈道之下有一段道路，严重风化，上下起伏甚大，不像是修建铁路的辅助道路。也许，这也是一段老路。可惜雨中深山，路无行人，无法访问。那天的景区，虽然

灵官峡景区栈道下面的古道

红叶满山，秋色无限，但看不见一个人影。

灵官峡那条公路，修建于二十世纪三十年代，宝成铁路修建于二十世纪五十年代。在公路、铁路修建之前，人们还行走于老路之上。那时的老路，正是我们要追寻的古道。而时至今日，当年行走过那条古道之人，或已经过世，或已经风烛残年。他们和存于他们心中的那些记忆，与这深山红叶一般，过一些时候，便会落叶飘零，纷纷坠地。

我没有时间寻找这些人，只能对着空山流水，呆看一响。

考察古道，常常陷入这种"山重水复疑无路"的状况，而期盼的"柳暗花明"却不是太容易遇到。

时细雨已停，天色渐亮。走出红叶艳艳的马岭关，进入凤县盆地，已有村落人烟。

回望峡口，但见青山重重，云气升腾，马岭关恰扼其上游峡口。想这二十里陡险峡谷，古道穿行其中，曲折百端，不知难倒过多少行人。这一峡谷穿越的山岭，正好隔断了凤县盆地与徽成盆地，也成为秦陇两地的界岭。

按地质学的说法，许多峡谷主要是由于地壳的抬升再加流水的切割而形成的。在这里，峡谷地带的抬升，加上嘉陵江的不断下切，造就了二十里长峡。

突然想道：在峡谷一边抬升一边下切的情况下，会发生许多特殊的地质事件。其侵蚀时，河流淘其岸足而或山体崩垮；其抬升时，地震频发或山崩地裂。不论河流造成的山体崩垮或者地震造成的山崩地裂，都很容易壅塞河道，形成堰塞湖，逼上游河床为湖，而发生湖相沉积。然后壅塞处被河流下切冲决，而河流复将上游湖积物冲出河床。上游两岸残存淤积物，正是凤县河谷两岸所见之黄土沉积。凤县盆地沿河之左右山坡上，可以看到有多级高低不同的黄土淤积台地。则其下游灵官峡与流珠峡，亦屡壅屡决，发生过多次壅塞河谷之事件。

想到这里，看着马岭峡上口的黄土台地，突然觉得理解了这种地理现象。虽然跑了一天,在古道之探索上收获不大,但这种认识,却似乎解开了凤县黄土之谜,这不也是一种"柳暗花明"吗?

夜宿宝鸡,拉开窗帘,但见满街灯火,行人甚多。想到深山中那碧绿的河水旁,两岸殷红殷红的秋叶却无人欣赏。峡谷之中,烟雨寂寞,那些红叶,不知还能红得几日。

青泥岭白水路之争

古道中之艰险,是现代人难以体会的。蜀道中的青泥岭,便是一段令行人叫苦不迭的道路。

青泥岭是古蜀道中之一段,位于今甘肃省徽县境南,山顶常有烟云霰雪,以泥泞难行而得名,李白《蜀道难》中提到的"青泥何盘盘"即指此地。《元和郡县图志》说青泥岭在兴州长举县"西北五十三里,接溪山东,即今通路也。悬崖万仞,山多云雨,行者屡逢泥淖,故号青泥岭"。[①]

青泥岭上的青泥,也就是古人所说的"沮洳",即烂泥沼泽,这是由腐烂植物埋在地下形成的泥沼,颜色常泛青黑。这种泥沼多形成于阴湿且排水不畅的老林中,污泥深厚处,即便将林木伐去,也常常污烂难行。甚至寒冷时也会形成雪泥,正如柳宗元《兴州江运记》中所记:"穷冬雨雪,深泥积水。"青泥在古道上多见,子午道、褒斜道、米仓道皆有。《石门颂》记载子午道,途中那些暗无天日荫翳泥泞处为"平阿泉泥,常荫鲜晏"。我于秦岭、巴山皆经行过此类道路,黑泥水泉,腐叶朽枝,足下不知深浅,稍不小心,就是一脚深泥,鞋裤皆污,极是难行。但那都只是不长一段路,而青泥岭的泥路则要长得多。因而诸道中以青泥岭最为难行,所谓"蜀道之难,自昔以青泥岭称首"。

故道自徽县南下,向正南取西寺道,至老虎口入青泥岭,经今小河村,

---

① 李吉甫:《元和郡县图志》卷二十二"兴州"下,中华书局2005年版,第571页。

沿洛河而下，经梯子崖，至白水江后，再接沿嘉陵江道路南下。这条道路，就是史上著名的青泥岭道，道中旧设有一处青泥驿，同时还设有小河关。清时的青泥铺，到白水江铺有六十里路程。

唐时李白入长安，唐玄宗入蜀，皆行经青泥岭。贞元五年（789），杜甫入蜀时曾于同谷西境走过一段尽是青泥的道路，饱尝青泥之苦。他在《泥功山》中写道："朝行青泥上，暮在青泥中。泥泞非一时，版筑劳人功。不畏道途永，乃将汩没同。白马为铁骊，小儿成老翁。哀猿透却坠，死鹿力所穷。寄语北来人，后来莫匆匆。"这段泥路太长，泥泞难行，跋涉吃力，人马浑身都沾满污泥，一整天也走不尽，不要说人，连猿猴也在泥中哀叫，而误陷其中的野鹿，挣扎不出，竟被活活累死。这种道路，行人恐惧，只敢慢慢移动，虽对道路多次整治，却收效甚微。青泥岭的状况，与杜甫诗中所记道路一样糟糕。

但是历史上还有一条道路，也可以从徽县抵达白水江，史称白水路。其道自徽县向东南行，至仙人关，沿嘉陵江西岸南下。这条道路，比之青泥岭道，不但短近且没有污泥，也不用翻越大山。白水路开辟很早，且多栈道，汉代即有记载。《后汉书·隗嚣传》记载，光武帝命隗嚣从天水伐蜀，隗嚣报告说"白水险阻，栈阁败坏"。这说明东汉初期这里的栈阁已经败坏，那么白水这些栈道至少建于西汉，同时也证明这条道路曾是故道的干线。

但这条沿江道路行于险仄的嘉陵江峡谷，因选线较低，易受嘉陵江洪水威胁，栈道有时会断绝不通。栈道断绝，行人只好改行于泥泞的青泥岭道。所以，青泥道也是避水就山的一条道路。

北宋景德元年（1004），白水路被修复通行，行人皆以手加额而庆。但这样一条避险就安、省工省时的好路，未用多久就被人为废弃，行人不得不再次践踏青泥行于旧道。让人想不通的是：为什么放着好好的阳光道不走，偏要去行独木桥，岂不怪哉？

原来，青泥道上形成了一支势力强大的青泥帮，这些人盘踞于青泥岭，

仙人关扼嘉陵江峡口形势

靠山吃山，靠路吃路，利用青泥道上行路困难大发横财。盖白水路短近易行，一站可达。而青泥岭道远路泥，行人要二日方能通过，中间不得不在道上食宿过夜。这些人占据要路，控制了其地的"客邸酒垆"，有房没房，有饭没饭，价高价底，我说了算。客人至此，欲进不得，欲退不能，饥困交加，只能眼睁睁被宰。这些地方豪强、地头蛇、闲人混混，乘人之危而大发横财，博取十倍之暴利。青泥帮不但为害平民，也损害国家，国家往来调运的大批物资，在此道上，转运艰难，他们也与官吏勾结，从中渔利。青泥岭成了这帮人日进斗金的摇钱树，这帮人成了青泥岭上磨牙吮血的豺狼。

当白水路修通后，青泥道行人立即变得稀少，这些人岂能不急，当然要从中作梗，百般阻挠，甚至跳出来坚决反对白水路。他们一方面散布各种谣言和歪理邪说，一方面游说甚至威胁主政官员。最后竟然废了白水路，行人无可奈何，只有再次踏上漫长难行的泥路。

公元1055年，时为宋至和二年，负责嘉陵江一带交通的大员利州路转运使李虞卿，深恶青泥路之弊，请求朝廷重开白水路。此时距离上次废弃白水路，已经有五十年之久。大约担心青泥岭利益集团有更深的背景，李虞卿一方面上报，一方面抢先动工。当时朝廷效率低下，批文迟缓，大半年后，公文批复下来时，这边白水路已经生米做成熟饭，基本完工。行人也欢欢喜喜，行走于新路矣。

宋人雷简夫针对此事，专门撰《新开白水路记》，并铭诸白水路侧石壁。他写道："至和二年冬，……李虞卿以蜀道青泥岭旧路高峻，请开白水路，自凤州河池驿至长举驿五十一里有半，……十二月诸功告毕，作阁道二千三百九间，邮亭营屋纲院三百八十三间，减旧路三十三里。"[①]

碑文称，因旧道高峻，故开白水道，可见白水新路是一条取平之道，而青泥道则是越山之道。新路由河池驿至兴州长举驿五十一里有半，较旧路减省三十三里，则白水新路与青泥旧道相比，也是一条取近之道。

白水新路不但短近平坦，无泥易行，缩短了行旅通行时间，提高了货物运输效率，而且利国利民，为国家节省大批人力物力开支。白水路开通，效果立现："废青泥一驿，除邮兵、驿马一百五十六人骑，岁省驿廪铺粮五千石、畜草一万围，放执事役夫三十余人。"

一件人人都能看到的弊病，就是不改；一件人人都能看到的好事，抵死不干，并且还有很多借口，这里面，就有青泥帮从中作怪的因素。白水

---

① 《陕西通志》卷九十一，四库本。

路通而复断，也许并不都是自然因素，让人不得不怀疑的是，为了维护青泥岭道的利益，这些人甚至会破坏白水路的设施。他们能盘踞于青泥岭几十年，祸国害民，也算得上是势力强大、根深蒂固了。其实，早在两汉之际，"白水险阻，栈阁败坏"，行人就开始行于青泥岭。许多文献可证，唐人也在青泥岭上挣扎，这些吸食路人鲜血、鲸吞国家财富的勾当，怕一直都有。青泥岭的黑生意，可能有着久远的传统，青泥帮可谓是修行数百年的魔头。

雷简夫在《新开白水路记》中痛斥青泥帮，义愤之情尽现笔端。读其文，令人气愤；见其名，令人敬佩。而我于雷简夫，尤爱其人。因为我研究郑国渠时，便见到他的大名，他在泾阳治理渠道就很有成就。不想在蜀道上再次"相逢"，这也是很有意思之事。

宋至和年间开通的白水道，五十多里路，有阁道两千三百余间，则平均一里有栈四十六间。按栈阁两间长度三米计，四十六间栈阁总长约七十米。古一里依三百步计，一步一点三八米，一里长度折今四百一十四米。两者相比，大约栈道占总路程之百分之十七。这处精确的文字记载，让我们再次感到"栈道千里，通于蜀汉"那种栈阁密布的惊人道路工程。

白水路与青泥道之争，已经过去将近千载，当年修建的两千三百余间栈阁，也早已烟消云散，至今，连开凿于坚硬石头上的栈孔也找不到几处。白云悠悠，嘉陵长流，但雷简夫那方记录正邪恶斗的《新开白水路记》刻石，历经风雨，依然铁划银钩，长存人间。当地百姓都称它作"大石碑"。

嘉陵江畔郙阁颂

在穿山越岭的列车上，凭窗而望，时而进入隧道，一片黑暗，时而阳光明媚，青山缓移，伴随着咣咣的铁轨节奏声，感受着悠悠的弯道离心力，此时我身，一日千里。忽然，对面远处白色的山崖之下，绿色的江面之上，几处黑黝黝的方形石孔，一闪而过。栈孔，这是栈孔！是我朝思暮想的栈孔。虽然它们只是一闪而过，却清清楚楚印在了心里，再难忘却。我在宝成铁路上，不知往往来来了多少次，只有那一次，竟然在飞驰的列车上看到了栈孔，看到了故道的遗迹。终于，在多年之后，我站到了这处栈孔之前，亲手摩挲了这处珍贵的历史遗迹，其时已是公元 2006 年初春。

这处栈道，就是中国历史上赫赫有名的郙阁栈道。

郙阁栈道是古代秦蜀间的一处著名栈道，其旁的东汉摩崖石刻《郙阁颂》，在中国古代书法史上更是有着很高的声誉。但长期以来，学者对《郙阁颂》研究着墨甚多，而对于和该摩崖内容密切的郙阁栈道却少有问津。能对这处古代存留下来的珍贵交通工程史迹进行考察，甚是荣幸。

郙阁栈道地处秦岭腹地的嘉陵江畔，南距陕西略阳县城约十公里，其北数里有个小村周家坝。嘉陵江至此为一处峡谷约束，江面甚窄，宽不足百米，两岸高山对峙，东岸尤为险峻。悬崖高耸，向河谷突出，石壁陡约八十度上下，其上草木稀少，石质为一种晶莹坚硬的石灰岩。遥望崖色泛白，古时称其地为白崖。此处正如《郙阁颂》所言："高山崔嵬兮，水流荡荡"，上有绝壁插天，下有江水拍岸，上下游道路断绝，无法通行，古人在此开凿了规模巨大的栈道，连接两道。据该处东汉摩崖《郙阁颂》记载，当时栈道"缘崖凿石，处隐定柱，临深长渊，三百余丈，接木相连，号为万柱"，其处栈道历经沧桑，多有损毁。二十世纪七十年代末，当地因修筑沿江道路，又破坏了不少栈道遗迹。镌刻于栈道旁的东汉摩崖石刻《郙阁颂》也被一并炸损，残石今存于略阳县城南之灵岩寺中。近年上部修建公路、开凿隧道抛石入江，加之河谷淤积，河谷东岸石壁多为沙石掩盖，可以见到的栈道遗迹已经为数不多。

其时江畔，寒风甚劲，观察之后，对这批栈道进行了简单测绘和照相记录。历史上存留下来的栈道，往往不是一期，而是反复营修，所以结构杂乱。这处栈道也是如此，就栈道结构特征来看，至少应有三四期工程。

崖嘴一带有上下两层大栈孔，高差仅一米多，栈孔上下也互不对应，

白崖栈道

不会是梁阁关系，可以断定是先后两期栈道之遗迹。其北部山弯则发现圆形与方形柱孔多处，柱孔方圆不同，亦可能分属不同时期的栈道。同时，这两种柱孔位置甚高。我们知道，柱孔是支撑栈梁柱子的柱脚孔，这些柱孔与南侧两期栈道无关，属于另一期位置更高的栈道。

现场对栈孔等工程遗迹进行观察，做出各种分析判断，极为劳神。足下冰凉的江水浸透鞋袜，江风劲吹，寒意阵阵。但许多发现带来的喜悦，将这些都冲抵掉了。

山湾石面上向下开凿的柱孔都不深，一般只有十多厘米，支撑栈道的柱子插入其中，柱脚不移动即可。但仔细看去，柱孔外壁多凿有一道人工开凿的小石槽，这种小石槽可以将平时侵入柱孔的雨水、泉水排出。因临河栈道柱孔位置一般偏低，当发生洪水或高水位时，易为积水浸泡，水退之后，这些柱孔中的积水依然浸泡着柱脚，易造成柱脚朽烂，对栈道安全构成威胁。所以发现的柱孔一般都比较浅，可能就是为了防止这种危害。

同时，在柱孔外侧凿排水槽，使孔中难以积水。莫要小看这种小小措施，它能大大地延长栈道的使用寿命。

柱孔开凿于江畔斜坡上，凿成平底，则必然内侧深、临江一面浅。这些柱孔风化以后，临江一侧孔壁就更低浅，这时立柱就易从孔中滑移，栈道失去支撑，会造成垮塌，人马车辆坠入大江。实际上，历史上这种事故经常发生。《郙阁颂》就记载了这种惨祸："遭遇溃纳，人物俱坠，沉没洪渊，酷烈为祸。"考察时，就在一些柱孔外侧，又发现有向下开凿的小孔，孔粗如手指。这一小孔的作用令人生疑，经过分析，方知是插铁销以防止柱脚向外滑移的孔。虽然柱铁俱失，但其迹犹存，让我们又认识了古栈道一种加固措施，古人匠心，令人感叹。

面对许多零乱的栈孔，欲弄清其结构，甚至分出工程的先后，要有多方面的经验，不但要寻找工程之间的破坏关系，也要推想栈道构架好之后，与之相冲突的工程遗迹。其中，少不了攀上爬下、拔草挖泥、搜寻目标，其状有如猿猴；或者伫立江畔，苦苦思索，不得其要，其形呆如木鸡。

此番考察，收获甚大，那些方形大栈孔，应当就是早期秦汉时代的工程遗址。感谢上苍，时隔近两千年，还给后世留下了这些宝贵的古郙阁栈孔。它们与《郙阁颂》残石互相辉映，都是古人开发秦巴古道的难得见证。这处栈道，只是汉代《郙阁颂》中提到的两大工程之一，文中还记载有一座壮丽的析里大桥，建于江畔的一条支流上，"结构工巧"，尚不知其处于何地，也不知还有无遗迹。面对群山中奔流而来的大江，不禁又生遐思。

将近日暮，嘉陵江对岸，一列客车穿山越洞呼啸而过。那车窗后面，不知是否有人看到这处神秘的古栈道，看到这些江畔可笑的身影。

忽惊时间流逝太快，担心路上没有回城汽车，急忙爬上公路，果不其然，公路已经清清冷冷，无有人踪。无奈，只好拖着沉重的双腿，沿着公路，一步步向县城走去。

河谷寒风吹来，回望暮色中的白崖，孤立江畔，似乎依依不舍，目送我们远去。

灵崖寺

故道中有许多让人不能不逗留徘徊的美景，嘉陵江畔的灵崖寺便是其中之一。

灵崖寺位于陕西略阳县城南三公里处的嘉陵江东岸。这一带两岸高峰入云，中间山峡深陡，江水湍急，是嘉陵江上一处著名的峡谷。传说峡谷为大禹凿山开出，实际上这里是一大地质断层带，河流与抬升断层相交，形成奇异的峡谷风光。正如唐代诗人韦应物诗云："凿崖泄奔湍，称古神禹迹。……如何两相激，雷转空山惊。"

嘉陵江是川陕甘间重要水运孔道，而位于江边的略阳则东通陕西汉中，西达甘肃武都，是东西陆路和南北水道的交汇处，自古以来就是一大水陆交通枢纽。这里山川秀丽，行旅不绝，灵崖寺便在这种条件下，靠沿江岩洞和狭窄的河岸发展成一处园林般幽深美妙的寺院。

传说灵崖寺建于唐开元年间，它利用山腰两处天然崖洞创立寺院，经历代修葺，今已形成一处游人接踵而至的名胜古迹。进入寺院北山门，前院傍山石壁苍松掩映，院中花枝烂漫。入得二门，便是前洞，洞大口浅腹，内有明塑毗卢大佛一尊。佛后有天然石生成"金龟"深藏，游人多从佛像两侧石蹬上攀探视之，很有意趣。

佛洞前有三棵高二十多米传为唐时所植的"唐棕"，摩空直立，摇曳生姿，号称"佛前三炷香"。洞两侧有厢房，洞前有碧波荡漾的放生池。迎洞正面建有金碧辉煌的"望江楼"，楼重檐三层，面阔五间。登楼西望则青峰迎面，碧流在下，嘉陵江对岸山间一道飞瀑如绢，据说雨后可见五彩飞虹，为寺中观景一大佳地。由前洞向南，则有吟诗亭、飞来石，还有一座生铁铸成的奇形"莫奈何"。传说古时于此铸钟不成而留下一铁块，

灵崖寺

后来游人多去摸抱试力，然而由于形状不便提抱，无一人能抱起，只好失望而去，故名"莫奈何"。

沿江向南，要经过一段险仄的"奈何桥"。"奈何桥"实为绝壁间一段石架栈道，过桥后便至灵崖后洞。后洞亦为天然洞穴，只是规模稍小，也不甚深，内有历代雕像及石笋一柱。

灵崖寺内存有许多珍贵的摩崖题刻和入藏的碑石，共一百余方。最难得者为我国东汉隶书摩崖刻石《郙阁颂》，内容记载汉代在峡谷中修建的一段险峻的栈桥式道路郙阁。此石系中国古代交通史上的重要史料，刻石文字厚重古雅，书法界对其评价颇高，为汉代刻石中的珍品。另有隋、唐、宋及明、清、民国刻石，游人至此，于山光水色间，也能品赏古代书法和记游诗文。

自灵崖寺向南，旧有沿江驿路，顺江而下，可达白雀寺、乐素河。另有沿江纤道可到达阳平关。自略阳至阳平关一百五十里间之嘉陵江，虽然峡深水急，但自古水道通畅，船只不绝。明人周梦旸《同友游灵岩》诗曰："一水远联秦蜀路，两岸高峙井参天。"

唐宋时期，行人自故道入蜀，至兴州（今略阳县）多离开嘉陵江东折，行沮水道或陈平道入金牛道，再沿金牛道入蜀，所绕甚远。而这座灵崖寺却在略阳之南的嘉陵江畔，颇疑最早的故道，即自略阳沿江而下，直入四川。作为蜀道上游人往来的名胜，灵崖寺本身似乎闪烁着另一奇异的光芒，引导人们探索古道的演变。

阳平关与朝天镇间的峡谷青风峡，峡中也有栈道

蜀道咽喉明月峡

古道上的明月峡，是一个富有诗意之名，也是一处富于诗意之地。明月峡之北还有一峡，与之遥遥相望，曰清风峡。从崎岖群山中走到这种山川秀丽、江流清澈的地方，心中顿时有一种清爽轻松之感，让我们很容易想起"清风明月不用一钱买"这句古话。

明月峡和清风峡都是嘉陵江上的峡谷，两峡之间的宽谷中，嘉陵江东岸便坐落着著名的古镇朝天驿。朝天驿是水陆通衢，古故道和金牛道交会于此，嘉陵江航道与金牛道也在此相接。所以，这一滨江古镇，日间市肆繁华，夜晚灯火通明，长盛不衰。据说唐明皇逃难入川时，四川大员在此接驾，朝见天子，故得"朝天"之名。

明月峡和清风峡扼于朝天镇南北，使得朝天镇在军事上也占尽地利，成为故道上的军事重镇。特别是朝天镇之南的明月峡，为嘉陵江上最险恶的峡谷，峡深江急，号为天险，古时水陆设关，系出入蜀境之咽喉。历史上攻蜀守蜀，曾于此发生多次战事。

进入明月峡，高崖夹江，水流湍急，人在峡中仰望，真所谓"连峰去天不盈尺"。峡谷东岸尤为陡峭，古栈道即开凿于东岸绝壁之上。这处栈道，号为"蜀栈中第一险隘"。明月峡南段还有一段栈道，长百余米，盘旋曲折，构架奇巧，高悬于绝壁，望之不寒而栗。行于其间，上有绝壁，下有激流，诚如古人所说："陆有重岩峻岭，万仞镂天之险阁。水有砯雷掣电，悬流怒吼之江关。"①如果夜行，踏上栈道，明月当空，江水奔腾，浪花于月下闪烁，奇峰不语，怪崖如鬼魅弄影，此时的明月峡清冷奇绝，一定更有诗意。但现今明月峡中这处栈道已非古栈，系今人利用古代石孔新构而成。

明月峡之栈孔，其孔基本为方形，口大孔深，但栈孔有上下多层，这

---

① 《四川通志》卷三十九"艺文"下引《蜀道易》文，四库本。

明月峡栈道

种栈道结构，状如抬梁，层层叠架，甚是少见。

古人所绘《明皇幸蜀图》中的栈道，就有这种结构。也许，《明皇幸蜀图》中描绘的正是明月峡的栈道。传说唐明皇从蜀中回到长安，难忘那三百里嘉陵山水，命画手李思训、吴道子赴实地考察，然后各绘嘉陵山水图于兴庆宫大同殿，李思训数月方成，吴道子一日而就，俱号为名作。这二堵壁画中，明月峡当是必绘之景。

明月峡栈道也留给后人许多难解之谜。整个峡谷只有南段存有栈孔，北段相连的绝壁之上，竟然极少栈孔之踪。古人行至此处，难道会插翅飞越？我入峡寻觅，只于峡谷中部石壁上发现相连的五处栈孔。栈孔皆方形，孔内尚有凿痕，但仅高于江面五米左右，似与南段栈孔难于连接。

但峡中栈道之上绝壁之间，民国时开辟有一条公路。当年因绝壁无法施工，遂于石壁之上，开近千米石槽而过，这段公路高悬峡中，也成为川陕公路之奇迹。或许，公路所凿之处，就有古道之痕，旧道为公路凿去的可能也很大。但时至今日，踪迹全无，已经很难考察了。这一难解之谜，或已成无解之谜。

开凿于明月峡绝壁上的公路槽道

明月峡道路之险，古今畏惧，古人为避峡中之险，曾于东岸山顶另开攀山之道，绕过峡谷。其道自朝天驿南开始登山，道路盘旋而上五里到达山顶，上有朝天关，沿山脊而下，南行数里降至明月峡南口，复与故道相合。此山西侧，临千仞深谷，绝壁之下，即为嘉陵江。日本竹添进一郎之《栈云峡雨日记》记登岭之状："逾朝天岭，石蹬盘空，为之字状，数步一憩，贾勇而上，前人之已远者，却在后来人头上矣。"[1]朝天岭上不仅有朝天关，有关楼，有守军，也有寺庙街市，颇为兴旺，以高处岭巅，号为"天街"。

除陆路外，嘉陵江航道的水路也穿峡而过，沿江一条曲折纤道与其相伴。这条水路，下通重庆入长江，上抵白水江，可达甘肃徽县甚或陕西凤县。

清代王士禛由金牛道颠簸至此，知有水道可行，大喜。他让仆从行旱

---

[1] 竹添进一郎：《栈云峡雨日记》，中华书局2007年版，第50页。

路，自己则登船，沿嘉陵江顺流而下，直至阆中，再由阆中取陆道至成都。由朝天也可以下行乘船至昭化，然后舍水就陆，沿故道南下。

自宋以后，行人多行金牛道入蜀，沿江之道则寂寂无闻。对于沿江道路，学者似乎亦少注目。但朝天驿之北的清风峡内，却存有许多栈孔。峡有宋代题刻，文曰："淳熙丙午（1186）仲春，桥阁官刘君用改修。"清风峡的古栈孔与宋代修路题刻向我们证明，朝天镇北之沿江故道，宋时尚通行无碍。

忽听得一声长鸣，一列红色快车，蜿蜒从对岸山中穿过。数千年来，穿越明月峡的，上有朝天岭道，中有古栈道，此外还出现水路、纤路，民国所修尚未废弃的槽路，加上现代的公路、高速公路、铁路，共有八种不同形态之道路，齐集于斯。纭纭众车，并驾齐驱，真可谓咽喉之地。

今日明月峡，山河依旧，而其历史则层层叠加，愈发厚重，雄关大川间的明月峡，也成了一处历代道路博物馆。

千佛崖

从嘉陵江的大峡谷出来，将到广元，两岸山岳顿时矮小，天地为之一阔，奔流的嘉陵江也展开江面，放缓了流速。行到此时，便算是走出巍巍大山，跨进了四川盆地。

古道沿嘉陵江东岸山壁南行，此段道路下临大江，旁依绝壁。绝壁之上，布满千百处蜂窝般的石窟与摩崖造像，其间窟檐密布，楼阁高悬。这里就是故道上有名的千佛崖。佛窟开凿于此，乘船经其前，如观览百丈图画；步行其下，如仰望云霄天宫。古人将石窟开凿于这种地方，真是一种出奇之想，其选址之大胆也让后人望尘莫及。但纵观秦巴古道，在大道出入的山口建寺设庙，不在少数。褒斜道南口七盘岭上，设有道观；子午道北口藏有净业寺玄都坛；武关道北口有悟真寺、水陆庵。寺庙这种选择，占据路口，借助人流，以求兴旺，当然也是一种高明之举。千佛崖处于故道所经古栈南口，正是这类寺庙的代表之一，只是其营造出的艺术效果与产生的感染力更为强烈。

千佛崖最早大约开辟于南北朝，从路旁的几处大窟中，可以看到石刻造像全是那个时代的风格。当时岩壁之下还不是一般的道路，而是绵延于江边的悬空栈道。行人从川北的坦途，突然登上这时时颤动的栈阁，但见前路关山万里，不知还有多少险途。提到秦蜀间的道路，古人都有畏惧之心："岩岭千削，四无人烟，行者如临绝境，视之归巫道路，仅让一等。"①如此时正好行至庄严神秘的石佛前，忍不住便要求神拜佛，寻求保佑。而走出深山之人，经历九死一生安全而归，行到千佛崖，眼见即将踏上平地，再沿江南行十里，即至广元，也不免感谢神灵，上香致谢。所以，此地佛龛，竟然越开越多，香火越来越旺。到了唐时，复有武则天兴佛，千佛崖遂臻于极盛。

遥想当年的千佛崖，红色的陡峭崖壁，映着奔流的碧绿江水，楼阁连云，栈道悬空，寺钟悠悠，山河壮丽，加上神秘美妙的佛窟雕塑，令人神往不已。千佛崖下这处栈道，因具有特殊的标志性，故令南来北往之人皆难以忘怀。

我因工作之便，曾多次登崖进窟参观考察。其崖壁亦建有栈道，可以上下盘桓，周游诸龛。早期的石窟，主佛像多为站姿，入唐之后则多坐姿，而以唐窟造像最为精美。千佛崖大部分石窟窟龛之规模并不大，但其数量众多，雕刻传神，尤其历千年而基本保存完好，最为难得。其门狮之可爱，力士之狰狞，天王之威武，菩萨之慈美，弟子之恭敬，佛像之庄严，皆惟妙惟肖，体现出唐人雕琢之技已臻于上乘。最值得一看的是佛后雕有背屏的几处唐窟，青绿的菩提树下，八部天龙，神态各异，观之令人不忍离去。内中一些造像色彩美妙，犹存唐风。

唐人曾于开成四年（839）对秦蜀部分栈道和道路进行过大规模的整修。刘禹锡《山南西道新修驿路记》记这次工程云："层崖峭绝，枘木亘铁，

---

① 曹学全：《蜀中广记》卷二十四，四库本，第16页。

千佛崖上的造像

因而广之，限以钩栏。狭径深阱，从而拓之，方驾从容。"①整修过的栈道，外加栏杆。狭道开拓后的路面可以并马而行，通行条件得到改善。

《蜀中广记》引唐姚鹄《嘉川驿》诗："嘉川之西过新栈，几里朱栏绕青壁。"②说当时嘉陵江新修之栈栏杆尚涂有朱色，此段栈道在山间竟盘旋数里。

千佛崖下的古栈道，在唐时被改为碥道。《四川通志》载："千佛岩在（广元）县北十里，江东岸即古龙门阁，石崖蜿蜒，其形如门，先是悬岩架木作栈而行，唐时韦抗凿石为路，并凿千佛岩，遂成通衢。"③这是古代改栈为碥之重要记载。当然，碥道工程比之栈道更艰巨、投入更多，但碥道建成，却有一劳永逸之功，同时大大加强了道路的坚固性与行走安全性。韦抗于唐开元三年（715）出为益州长史，次年入为黄门侍郎，这次改道工程大约就在此时施工。

虽然部分栈道改为碥道，栈道数量减少了，但古蜀道上所存的栈道数量依然惊人。《蜀中广记》引《方舆》云："自（广元）城北至大安军界，管桥栏阁共万五千三百六十一间，惟石栏、龙洞二阁著名。"④按一间平均距离一点五米计，一万五千多间，相当于二十三公里长，这还仅仅是当地所辖路段的栈道桥梁。

明洪武二十四年（1391），景川侯曹震又大修此地道路，"相视开凿，叠石为岸，益为坦途"。

千佛崖栈道唐代以来已消失了许多，民国年间修筑公路时再次遭到破坏。2006年5月至其地考察，山下未搜寻到一处栈道遗迹，以为已被彻底消灭，遗子无存。2009年7月，再至其地考察，于千佛崖南侧牌楼处江岸，竟意外发现一批栈孔。这几处栈孔高于当时江面只有一米，但栈道孔口甚

---

① 曹学佺：《蜀中广记》卷二十四，四库本，第20页。
② 曹学佺：《蜀中广记》卷二十四，四库本，第18—19页。
③ 《四川通志·山川·广元县》卷二十三，四库本，第62页。
④ 曹学佺：《蜀中广记》卷二十四，四库本，第20页。

大,下部柱孔也非常粗大,可能还有二重。这批大栈与白崖栈道、明月峡栈道相比,皆巨梁粗柱,疑为同期规划古栈。

这里不能不提龙门阁。龙门阁是蜀道中的名胜,杜甫《龙门阁》诗曰:"清江下龙门,绝壁无尺土。长风驾高浪,浩浩自太古。危途中萦盘,仰望垂线缕。滑石欹谁凿,浮梁袅相拄。"但龙门阁在什么地方,历史上却说法不一。

顾祖禹《读史方舆纪要》认为龙门阁在千佛崖下:"龙门阁,县北十里,嘉陵东岸,其地有千佛崖。先是,悬崖架木作栈而行,石岩蜿蜒,其形若门。后凿石为佛像,渐成通衢。"

清末之时,日本人竹添进一郎行经此地,他在《栈云峡雨日记》中记道:"抵千佛崖,断壁拔江而立,……崖尽,则石柜阁,与龙门、飞仙号为三阁。阁中罗汉寺,乾隆中所创。"①此条记载颇为重要,证前人所谓古道中之"阁",

千佛崖江岸石岩上保存的栈孔

---

① 竹添进一郎:《栈云峡雨日记》,中华书局2007年版,第51页。

亦有不是栈道，而是楼阁式建筑者。但他所记却与顾祖禹不同，称其阁为"石柜阁"，且阁为乾隆年所建，位置也很清楚，即位于千佛崖南端。

千佛崖南端崖下临江处，正是我们发现栈孔之地。也许那些栈孔，就是跨道古阁的遗迹。这种跨道之阁如有悬空部分，当然也是一种阁道，是栈道的高级形式。

上述栈阁孔之北，还保存有一段栈孔，隐藏于路桥之下。如今的千佛崖已经成为景区，不知这些丰富的栈道历史，能否得以展示？也不知那些珍贵的栈孔是否为人注意，是否依然无恙？

昭化古城

四川昭化，古称葭萌，是古蜀道上一座古城。其处四面环山、三面临水，白水江携清江由此注入嘉陵江，号为三江交汇，水运发达之地，为一水上大运输枢纽。特别是入蜀之道自此向南，分为水陆二途。旱路向西南行至剑门关，由剑门直下成都。水道则顺嘉陵江而下，可达阆中，由阆中再改行陆路，达于成都。嘉陵江水道，也可直下古巴州（今重庆），进入长江。所以，昭化为秦巴蜀三地之水陆通衢，很早就成为川北军事重镇。

传说蜀王之弟名叫葭萌，蜀王将北部的领土和汉中分给他作为封地，封号苴侯，将其所居之邑也命名为葭萌。因此，昭化在战国时期还曾经当过一段时间的小国都。秦灭蜀，攻入四川，在此设葭萌县，所以葭萌又是四川历史上最早设县之处，号为四川第一县。鉴于此地的战略位置极其重要，因此争夺不休，引发过多次战事。汉末刘备曾据此以攻成都刘璋，取得西川；三国时蜀汉北伐，也以此作为后方基地。

昭化城东北的嘉陵江渡口，即著名的桔柏渡，旧时渡口立有三十余通碑刻，可见其地行旅、商业之盛。安史之乱爆发，唐玄宗仓皇南逃，亦经此地。过桔柏渡时，突然水中有双鱼浮出，夹舟而跃，众皆惊异，议者以为双龙。殊不知，留在关中的皇太子，此时已经自行宣布即皇帝位，唐玄宗被从帝位的巅峰上推落,无可奈何,只好自降为太上皇。这双鱼夹舟而跃,就是双龙之象,也就是说出现了两个皇帝。所以,桔柏鱼跃,竟成了此事之征兆,成为后人津津乐道的历史典故。唐玄宗走过桔柏渡,不但了结了他的帝位,结束了他曾经辉煌一时的开元天宝之治,也算是唐帝国发生重大转折的又一标志。

桔柏渡是中国古代典型的津渡,盛水为舟,枯水为桥。杜甫入川,也经过这里,写诗《桔柏渡》曰"青冥寒江渡,驾竹为长桥",说明唐时所架的还是很有特色的竹桥。姜维伐蜀,曾大战于此,北宋初年,王全斌伐蜀,蜀军大败,逃过桔柏渡,焚烧桥梁,退守剑门关。

清代诗人王渔洋入蜀,乘船夜泊昭化城外,那一夜,水面上月色皎然,江声激荡,舟人作渝歌,与柝声断续。这处曾经的古战场,和平时期竟如此平静美丽,身处月下船中,王渔洋深为陶醉,直到夜半尚不能寐。

桔柏渡北有一小村,曰摆宴坝,名字甚奇。据说,唐玄宗曾于此摆宴,那里正是古蜀道自广元北来之路。

千百年之下,昭化古城早已衰败,繁华风水为其北广元夺去。特别是

昭化古城城墙

现代陆运发达，公路铁道取代了水运，昭化古城失去其交通要道的地位，经济地位也随之一落千丈，千年古渡也被采沙者挖得面目全非。但昭化还保存有部分石城，城内还可以见到许多老宅深院，行于城中，一处处深巷高门，一处处庭院寂寞，与过去的繁荣相映，颇有历史沧桑之感。

古道穿城而过，城门堪称雄壮，从昏暗的城门洞穿过，立即进入铺砌石板、两厢布满店铺的街市，有一种"进城入市"的特殊感觉。中国历史上，无数的城邑都是这种结构，无数进城人都有类似的感受，而今，能享受到这种感觉的地方已经少之又少了。城门里那条大街游人往来不绝，是昭化城中最兴旺的街市，古时也是如此，传统依旧。今日之昭化古城，经过重新整修，城里全是旅游气息，基本无其他生路，其中的一些老宅也整理开放。

许多老宅旧时都属富商巨贾，大户人家。行于城中，穿街过巷，老宅即在其中。老宅大多残旧，从门口窥去，或见庭中垂黄柚，自小巷经过，时有墙头丝瓜花。

昭化城中的一处可以住宿的老宅

当地民居多是穿斗结构，青瓦板房，带有川北韵味。据说这些老宅中最有名者是辜家大院。辜家大院有前后四五进院落，亭廊楼阁，花树参差，布置得不俗。这里有参观、住宿、餐饮、休闲几大服务，我和几位朋友考察之余，感到这处院落比较典雅，又在院中品尝了饭菜，味道不错，当日遂住宿于此。在这里连吃带住，权且当一回土财主，过一天旧时富人生活。

我住的一间客房，在后院楼下，内设雕花大床，悬仿古宫灯，重帐锦褥，流苏下垂，还有电脑。居于此处，其乐也融融。住地主房，睡财东床，自己也穿越了一把。因是淡季，房子价格并不太贵，一般人都承受得起，这里的饭菜也花样繁多，味道很好。住在里边，只是感到自己服装不配，如果再换上长袍马褂，那就更像一回事了。其实，如果深度开发旅游，出租衣物给客人，大家都穿上古装，于其中行进往来、会客吃饭，不唯自己有趣，他人看来，亦为一景。

昭化还保存有明清时期的龙门书院、考棚与一些商号建筑。听说这里的提线木偶很有名气，可惜未能看到。

离开昭化时，要走好长一段路才能上国道。回望那座青瓦参差的老城，它原本是交通枢纽，因道路交通的发达而兴，但也因道路交通的改道而衰落。衰落的古城，工业少有，建筑破旧，曾极度失落过。但祸福相倚，古城因此也没有遭遇大开发，没有被建大高楼，没有大拆大建，意外保住了一些历史，保住了几许文脉，保住了蜀道上一座碧水青天的古城。而这些，又让昭化在旅游上占据了先机。

剑阁峥嵘

古道自川北进入蜀中，中间还有一道关隘，这就是天险剑门关，因扼川北要道，故称为"蜀门"。古时这一带栈道横空，连绵不断，名曰剑阁。李白的《蜀道难》说："剑阁峥嵘而崔嵬。"

古时王公设险以守其国，剑门关正是这种险关。关可闭可启，当其

48 | 秦巴栈道

剑门关

闭也,铁壁铜墙,一夫当关,万夫莫开;当其启也,中间一线,盘查森严,鱼贯而过。

我到剑门去过三四次,但多数都是因他事而至,行程匆匆,没有细观。第一次从广元坐的小巴,拥挤不堪,下车后钱包也不见了。不过,从关前公路上,老远就领略了剑门的雄姿。但见晴空之下,大剑山如同万仞城垣,横空出世,拦于面前,观者无不震撼。公路盘上大剑山半腰,从一窄峡中穿过。峡中有一关楼,并依山建有一段栈道。这种局势,的确有一夫当关万夫莫开的气势。看那栈道,却不是古栈,那关楼也不是古楼,都是晚期建筑。

进入剑门的关门之后,道路即下坡,可见关门设于峡口最高处。前行不久,山势渐开,地势亦缓,关南五里处即剑门关镇。镇为古剑门戍,唐曰大剑镇,历代于此设驿。途中道西有一谷,谷口石壁上题曰"金牛峡",盖剑门路亦是古金牛道之一部分。那时,剑门关镇还是清一色的老街,公路从街心穿过,尘土飞扬,两旁尽是老式的板门店铺。剑门关豆腐有名,寻处小店吃一碗豆腐,其价甚廉,其味甚美。

自剑门而南,则道路渐渐平坦,南行即古剑州(今普安镇),可直下成都矣。

剑门山有大剑山、小剑山之分,此为大剑山,亦名梁山。严如煜著《三省边防备览》卷七"险要":"大剑山,一名梁山,在州北二十五里。"[①]所说的州,即古剑州。

小剑山之关亦名剑门关,在大剑山西北三十里处,今剑阁县南十里,隔河与剑阁县相对。《四川通志》述及剑州时曰:"《唐志》:大剑山有剑阁道三十里。又三十里有小剑山……大剑号天险,小剑凿石架阁,险不可越。"[②]

小剑山连山列嶂,高耸齐天,中有裂缺,古道由中而越。一般认为,大小剑阁间三十里即为古栈道密集分布区。《华阳国志》认为:"武侯相蜀,

---

[①] 严如煜:《三省边防备览》,道光三年(1823)刊本。
[②] 《四川通志》卷二十三"山川剑州"下,四库本,第73页。

凿石架空，始为飞阁以通行旅。"《读史方舆纪要》："小剑则凿石架梁，飞阁成道，耸峭不容飞越，李白所云一夫当关万夫莫开者也。"《元和郡县图志》说："小剑城去大剑戍四十里，连山绝险，飞阁通冲，故谓之剑阁道。"①小剑城即今剑阁县，大剑戍即今剑门关镇，但其间栈道之痕今日少有人提及。可能在唐之后受到大的破坏。宋高宗时，赵元镇《论西幸事宜状》曰："昨长安溃兵，径趋兴元，全无阻遏，自兴元趋剑门，更无栈道。"②

清末《栈云峡雨日记》记入剑门："当前崛起者为大小剑山，层层相倚，绵延南北亘百里。在南者其芒森然指天……陡绝如削，横划一带……望之如雉堞上插千百锋刃者……行里许，截然中断，上叠石为关，即剑关，一曰剑门，又曰剑阁。"③书中说这一路道险土滑，"坦处敷石，陂则为磴"④。

小剑山与这些阁道，岑参也曾行经，其诗曰："剑门乘险过，阁道踏空行。"可惜没能前往，不知还有什么遗迹。

后来又去剑门，大剑山已经建了索道，乘了一回东山索道，原本想着能将我运到山顶俯瞰古关，不想只能上到半山腰，于是失望而归。沿路卖豆腐的多了起来，但味道已经平平。乘车回广元，路逢狂风暴雨，霹雳闪电，大雨滂沱，山水横溢，司机吓得面色大变，几次三番不敢行车。

第三次和几位同事去，再逢大雨，虽打有伞，而足下鞋袜湿透。当时剑门关正在大建设，关楼已经被拆除，雨中地上泥泞，一片狼藉，说是地震震坏了，要重建。茫茫雨雾中，关旁绝壁上飞下几股白色瀑布，溅得众人衣衫尽湿。瀑布平时多远观，而身临其境，感受完全不同，颇有诗意。入剑门镇，发现已经建得面目全非，两侧成了仿古高楼。镇上出现很多专做豆腐宴的大饭店。大家走进路边一家比较豪华的店，吃了一顿，花样虽多，却尽是味精之味，豆腐之香已经无有。

---

① 李吉甫：《元和郡县图志》卷二十二"利州"下，中华书局2005年版，第565页。
② 杨士奇等：《历代名臣奏议》卷一百三十《都邑》，四库本。
③ 竹添进一郎：《栈云峡雨日记》，中华书局2007年版，第52页。
④ 竹添进一郎：《栈云峡雨日记》，中华书局2007年版，第52页。

第四次去，公路已经不行经剑门关，不知从何处穿越隧道而过。整个剑门关被围了起来，成为景区。一问门票甚贵，想到里面尽是新建筑，便放弃了入内之心。

剑门关作为蜀道中的名关，历史上兵事频繁。《益部谈资》曰："剑阁两崖峻拔，凿石架阁而为栈道，秦司马错由此伐蜀。"①三国时姜维败于邓艾，即退守大剑关，据险而守，钟会猛攻剑阁，竟然不克。北宋初，王全斌伐蜀，攻剑门，忌其天险，乃分兵自来苏小道突出剑门后，前后夹击，蜀军大败。

剑门既险，景色复佳，故行经此地，吟咏者不绝。李白之《蜀道难》已经脍炙人口，而杜甫之《剑门》诗亦佳，诗曰："惟天有设险，剑门天下壮。连山抱西南，石角皆北向。两崖崇墉倚，刻画城郭状。一夫怒临关，百万未可傍。……"

唐明皇逃难入蜀，往返皆经剑门。《升庵诗话》记剑门石壁刻明皇诗云："剑阁横空峻，銮舆出狩回。翠屏千仞合，丹嶂五丁开。灌木萦旗转，仙云拂马来。乘时方在德，嗟尔勒铭才。"当然，诗写得最悠然的是杜牧，他那句"此身合是诗人未，细雨骑驴入剑门"，真是诗中有画，意境深远。

《隋书》记载：北周大象二年，即公元580年，因"巴蜀阻险，人好为乱，于是更开平道，毁剑阁之路，立铭垂诫焉"。这次拆毁剑阁之栈路，另开平路，后代剑门无栈道之险，或与此有关。

"更开平道"一语，也让人费思。也许可以理解为绕开剑阁，另开新路南下，今铁路、高速公路皆不行大小剑门，另取平易之道南下成都。

可见千年险关剑门，并非入蜀必经之道，古人有时是故意设险建关以扼要害。剑门入山口，亦选择绝佳，其左右高崖并非平列，而是如同雁翼，皆向外斜向展开，山口正处于凹陷处。入关之人，感到左右山势渐合，前行如入漏斗，雄关之威尽显。剑门非入蜀必经之地的秘密，早在三国时，

---

① 何宇度：《益部谈资》卷上，四库本，第13页。

即被深通地理的邓艾窥破,他以精兵入川,避开剑门,从剑门之西百里处南下,直捣成都。如果更多的人得知这一秘密,人们便会另觅一道,抛开剑门关,从容而过。巍巍雄关徒成摆设,让剑门守者无可奈何。

自剑阁县而南至梓潼,一路多有大古柏夹道,古柏甚粗,霜皮溜雨,翠色浓郁,荫遮古道,号为"翠云廊"。这些老柏,在剑门关镇南之路旁即可看到,传说大柏为蜀汉时张飞所植,皆逾千岁之龄。至明正德年间,剑州知州李璧整修金牛道南段,砌石三百余里,复于道旁植树数十万株。

翠云廊成为上乘景观要千百年,剑门关成为著名雄关,历时更久。这些,都不是一时就能造出来的。

第二章　褒斜道

斜谷是位于陕西太白与岐山境内的一条河谷,沿斜水有古道,越秦岭可通往褒谷,沿褒水下行而达于汉中褒城,这条利用褒谷、斜谷穿越秦岭的古道,史称褒斜道,亦有人称此道为斜谷道。褒斜道是古代穿越秦岭的一条重要大道,《史记·货殖列传》说:"南则巴蜀。巴蜀亦沃野……然四塞,栈道千里,无所不通,唯褒斜绾毂其口。"① 褒谷是褒水的河谷,褒水发源于太白山,又名红岩河。南流至褒城出山,于汉中市西注入汉水,全长近二百公里。斜谷是斜水的河谷,斜水

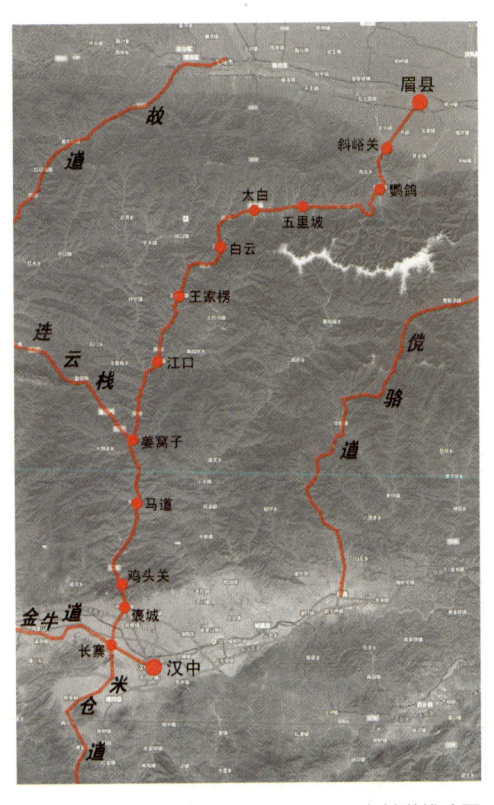

褒斜道线路图

---

① 《史记·货殖列传》,中华书局本,第3261—3262页。

发源于太白山,北流出山注入渭河。

自长安至汉中,取道褒斜,计七百六十里,其中褒口至斜口间的山道,长四百七十里。当年曹操南征,大军行经褒斜,但见沿路山峡栈道、栈孔连绵,不由地发出了"五百里石穴"之感叹。

自长安出发入蜀,取褒斜道,向西南方斜下,道路短近,比之诸道,最为合理。

秦岭山区有一巨大的断裂带,其东端大致在今太白山北的西汤峪处。这条断裂带向西偏南方向延伸,经斜水桃谷川、太白县、关山、平木、河口、凤州、凤县,西入甘肃的徽成盆地。沿着这道断裂带,形成了许多河谷与盆地,古人取道时巧妙地利用了其间地形,减少了道路的起伏曲折。褒斜道北部行经的桃谷川、虢川盆地,就是这条断裂区,唐人欧阳詹称此种断裂带为"地之窍缺"。斜谷之得名如此,大约是因为古人已经察觉到秦岭山中这一异常的斜向大断裂了。

褒斜道之平坦易行,让行过秦岭其他道路之人都大吃一惊。从万山如涛、千峰林立的秦岭穿越,四五百里间,竟然无须翻越一座大山,这几乎是不可想象之事,但行于此道,又确实如此。这就是这一大断裂带带来的好处,褒斜道可以说是上天恩赐于秦蜀间的一条穿越崇山峻岭的轻捷便道。

与其他秦岭古道相比,褒斜道穿越山岭的坡度最为平缓,故汉人亦称其"少阪"。但褒斜道也有许多峡谷,水急山峭,古人于中架设不少栈道。

宋人绘画中的栈道与阁道

也有一种说法，褒斜即石牛道。《元和郡县图志》曰："褒斜道，一名石牛道。张良令汉王烧绝栈道，示无还心，即此道也。"[①]

褒斜道在西汉曾经国家规划，并进行了大规模的开辟工程。以后的两千年间，道路虽不断被改造，发生了不少的变化，但对线路仔细分析发现，其中还遗留有这种宏观规划的痕迹。其北侧的斜谷道路，皆循水右取道；南侧的褒河道路，亦循水右取道。这种现象绝非偶然，没有统一规划，就不会出现这么整齐划一的现象。

从历史资料丰富性来说，秦巴栈道中当首推褒斜道。资料的丰富也从侧面说明此道沿用之久，行旅之众，影响之大。褒斜道对大西南的开发，起到了巨大的作用。汉《石门颂》曰："斜谷之川，其泽南隆。八方所达，益域为充。"

《史记·范雎蔡泽列传》："栈道千里，通于蜀汉，使天下皆畏秦。"因修栈道而令天下畏秦，这正是说战国时秦经营巴蜀时对褒斜道进行了大规模扩建。这条道路也是一条具有战略通道性的道路，故天下畏之。

褒斜道自北向南，沿路所经如下：

眉县—斜峪关—鹦鸽街—老爷岭—桃川镇—杜家庄—衙岭（五里坡）—嘴头镇—关山坪—白云—古迹街—元坝子—王家楞—拓梨园—二十四孔阁—江口镇—江西营—柳川—孔雀台—姜窝子—武关—武曲铺—马道—青桥驿—沙河桥—七盘岭（古或沿河不上七盘）—鸡头关（古或行石门隧道）—褒城—长寨—汉中。

五丈原诸葛亮庙

五丈原在岐山县境内，是一道山前黄土长梁。五丈原南依秦岭，北临渭水，东西皆有深沟巨壑，顶部宽阔平坦可以驻兵屯田，形势险要。原东

[①] 李吉甫：《元和郡县图志》卷二十二"褒城县"下，中华书局2005年版，第559页。

南就是古代著名的斜谷口，自斜谷入秦岭可通汉中褒水谷道。这条路史称褒斜道，是古代连接关中和陕南、四川的要道。而五丈原正扼其北口，所以成为历代兵家必争之地。

诸葛亮久有平定中原、饮马河洛之志，公元234年春，他自蜀率兵再次攻入关中，军出斜谷，占据五丈原，威震长安。诸葛亮数次北伐，多因军粮不济而被迫退兵。军粮不济的原因，并非蜀汉无有粮食，而是秦巴山区山险水恶，栈道千里，绵延其间，运输极为困难。为了运粮，诸葛亮甚至令军中将领子弟，皆入深山穷谷转运粮草，连自己的养子也不例外。数次出军失利后，诸葛亮总结得失，遂屯兵汉中黄沙，苦心孤诣，创制了木牛流马，专门运输军粮辎重。

木牛流马是古代蜀道上出现的最神秘的运输工具，传说可以自动行走。至今专家们也研究不透到底是什么结构，有人甚至怀疑其事究竟有无。但史书确有记载，称诸葛亮"工械技巧，物究其极"，能为连弩、木牛流马。蜀建兴九年（231），春二月，诸葛亮"复出军围祁山，始以木牛运"。[①]这次运用木牛运输，大约是一次试验。《蜀志》曰："（建兴）十年，亮休士劝农于黄沙，作流马木牛毕，教兵讲武。"[②]这是北伐前在汉中黄沙大规模生产木牛流马的记录。《诸葛亮传》："十二年春，亮悉大众由斜谷出，以流马运，据武功五丈原，与司马宣王对于渭南。"[③]这是正史上明确记载蜀军曾经用木牛流马进行运输。

《三国志》注中记载了木牛流马的部件尺寸，并说木牛"方腹曲头，一脚四足，头入领中，舌著于腹。载多而行少，宜可大用，不可小使；……人行六尺，牛行四步。载一岁粮，日行二十里，而人不大劳"；说流马则"形制如象"。木牛既可以单独运用，也可以集群活动，"特行者数十里，群行者二十里也"。但历史上许多人还是对于木牛流马能否自动行走，抱

[①]《三国志·后主传》，中华书局本，第896页。
[②]《蜀志·后主传》，中华书局本，第896页。
[③]《三国志·诸葛亮传》，中华书局本，第925页。

后代仿制的木牛，可惜无法行走

有怀疑态度。这种古代的机械怪物，结构如何，动力何在，都是千古之谜。民间有许多爱好者曾参考历史文献，试制过不同的木牛流马，其间不乏奇巧之士，但都达不到实际运用的地步。

一千七百多年前，一群庞大的、神奇莫测又呆头呆脑的木牛流马出现了，它们驮着粮食，迈着奇怪的步伐，行走于险峻的秦岭古道，行走于触目惊心的栈阁上，实在是一幅奇中之奇的图画。近年美国新研制成一种机械马，驮着东西，跳行于道路，也可以运用于战争，其机巧让人惊叹。但中国古代这种机械动物的出现，则发生于历史上的三国时期，而这种怪物还成群结队参与战争，真有一种科幻的感觉。

诸葛亮这次北伐，运用木牛流马从山南运粮，翻过秦岭至五丈原，基本解决了军粮不济的后顾之忧。但是，正在此时，这位历史上受人尊敬的政治家、军事家,却突然病亡。蜀军失去主帅,只好退军。对于未能完成统一中国的宏图大志便英年早逝的诸葛亮,杜甫感叹地说,"出师未捷身先死,长使英雄泪满襟"。晋人称颂诸葛亮之才能说:"推子八陈,不在孙、吴,木牛之奇,则非般模,神弩之功,一何微妙!千井齐甃,又何秘要!"

诸葛亮后半生致力于北伐,出入秦巴山区,对于秦巴古道的军事政治作用认识深刻。史称"亮好治官府、次舍、桥梁、道路",在秦巴古道的建设和利用上,也具有很大的影响。

到了晋代,诸葛亮的孙子诸葛京被委派到眉县当县令,颇有政声。而当时的五丈原、斜谷关都属眉县管辖,诸葛京踏勘山川,见闻祖父陈迹故事,必有感焉。

后人尊敬诸葛亮,在五丈原北端建诸葛亮祠庙以纪念他。祠庙在明清两代屡次修葺。今有山门、钟鼓楼、正殿、八卦亭以及祠后土冢一丘,还有许多新增建筑,是关中一处著名的游览胜地。

五丈原诸葛亮庙

诸葛亮庙山门为清代建筑,门前绿树成荫,有登原石阶直上原顶,庙会期间,门前小贩云集,游人摩肩接踵,热闹非凡。门内有钟鼓楼左右对峙,建筑小巧玲珑,雕绘雅致。正殿为五间结构,出檐挑角、五脊六兽,壮阔方正。殿内塑诸葛亮像一尊,手持羽扇,长须飘拂。殿内外有许多楹联、匾额、诗词碑碣,其中最著名者为宋代名将岳飞书写的《前出师表》《后出师表》刻石。此二文是诸葛亮的文章,文笔深沉,内有"鞠躬尽瘁,死而后已"之句,古今传诵不绝。而岳飞此篇手稿,笔力如长枪大戟,气势似虎踞龙盘,

诸葛亮庙内《出师表》碑文

书法极为酣畅淋漓，受到后人高度推崇。明朱元璋虽然是个粗人，看了岳飞的字后仍题写八字赞道"纯正不曲，文如其人"，这八个字也刻在文前。而《出师表》的刻工亦是出神入化，所以，这四十方嵌在大殿内的《出师表》刻石，被称为文章、书法、刻工三绝之作。

殿南院中有八卦亭，是纪念诸葛亮用兵布八卦奇阵的建筑。其他建筑中，则分别供有刘备、五虎上将等三国巴蜀人物像。祠后院中绿竹成簇，鲜花满园，中有一小土丘，为诸葛亮衣冠冢。院正中有一小亭，内置一块怪石，传说是诸葛亮祭星时天上落下来的陨星，俗名落星石。游人可在院中闲步，也可在周围回廊下观摩陈列的古碑刻。

诸葛亮祠庙是关中地区一处纪念性和游览性相结合的古代建筑群。其在布局和设计中，除了选择地势和加强绿化外，还充分将正史资料、民间传说以及小说家言的内容融入建筑，不似有些祠庙一味拘泥于正史而显得单调和严谨刻板。它敢于巧立名目，恣意安排，正如小说《三国演义》一般，七分真三分假，虚虚实实，真真假假，以求照顾到各阶层的观赏品味，以达到吸引游人的目的。这些正是民间祠庙园林惯用的手法。而可惜的是，现代建设的园林景区中，这种传统手法少有人重视。

比如后院落星石，它可能不是真正的陨石，只是一块怪石。但它却引导着游人的目光，从诸葛亮与丰富的三国历史故事间，又转向了陨石。这块落星石，当地老少妇孺皆知，游人也争相摩挲。陨石放在这种地方，其被关注度大大高于放在科技馆。如果能因势利导，将游人的兴趣转化为探索自然之谜的学习愿望，则对于提高国人科学理念大有好处。当然，诸葛亮发明的连弩与木牛流马，也可以如此运用。

让我们感到欣慰的是，后人已经将木牛搬进了这座祠庙。虽然这只是一头仿制未成的木牛，不会自动行走，只能静静待在那里，但它的出现，也会激起人们对曾经神秘行走于秦巴古道上这种机械怪物的兴趣和对那段历史的关注。

西当太白有鸟道

太白山是秦岭的主峰，巍峨挺拔，海拔三千七百多米。山上积雪常年不化，成为北方罕见的雪山，古人称"上恒积雪，望之浩然"，故曰太白。太白积雪算是关中八景之一。

太白山不惟高峻，而且峰岭逶迤，长达百里，其势犹如一道接天高屏，让人望而生畏。古人形容其"上有六龙回日之高标，下有冲波逆折之回川。黄鹤之飞尚不得过，猿猱欲度愁攀援"。面对如此大山，要开辟出一条道路，必然难以逾越。但是天无绝人之路，就在这样的巍巍山区，古代偏偏就出现了一条从关中通达蜀汉的越岭大道，岂不让人又惊又喜。原来，就在太白山的西侧，秦岭主梁突然错断，中间出现一道缺口，山势也陡然降低，古道便由此通过。李白诗曰："西当太白有鸟道，可以横绝峨眉巅。"诗中所谓鸟道，指的正是太白山西侧的这条道路。

绵绵秦岭，何以错断？那已经是远古之事了。不知何时，秦岭山区发生了一场惊天动地的巨变，天倾地陷，云山裂阙，这场巨变发生于史前时期，我们已经无法想象那一场接一场大灾难般的经历。雷声隆隆，大地颤抖，山崩地裂，烟尘滚滚，当这一切慢慢安静下来时，在群山连绵的秦岭间，生生造出一道长达数百里之巨的大断裂带。这条断裂带东端大致在今太白山北的西汤峪处，斜向西偏南方向延伸，经斜水桃谷川穿过秦岭大梁，再经太白县、关山、平木、河口、凤州、凤县，西入甘肃的徽成盆地。沿着这道断裂带，形成了许多河谷与山间盆地。

后来，人类于秦巴山区经过长期探索，于遮天蔽日的老林中，无数条羊肠小道间，终于发现了这道天堑。试探沿着这道沟谷开辟路径，渐渐于其北端形成了一条大道。这条大道，就是历史上著名的褒斜道。褒斜道的北段，鹦鸽街至关山间的桃谷川、虢川盆地，便处于这道地槽之中。古人取道时巧妙地利用了这处天堑，减少了道路的起伏曲折。

唐人欧阳詹对于山川颇有识见，他称此种断裂带为"地之窍缺"。从

斜谷北口斜峪关，今为一座大坝所在

斜谷之得名，我们也可以隐隐感觉到，也许古人已经认识到秦岭山中这一异常的斜向大断裂了。

褒斜道向南沿斜水入山，斜水出山口即斜峪关。

斜峪关亦名斜谷关，在今石头河水库大坝处，石头河即斜水的土名。其地河谷狭窄，东岸高陡，西岸亦为陡塬，居高临下，可以扼峡谷之口。古关口当在东岸山下，西塬上亦有古堡遗址，今为双家山村。《三省边防备览》说：清人出此关口至西安，则行于槐芽、亚柏，经周至、户县至西安。

此处也即司马迁所说的"栈道千里，唯褒斜绾毂其口"的斜谷口。褒斜道通畅之时，不独巴蜀之财货由此运入关中，秦岭山区的木材山货，也由此源源而出。西晋左思《蜀都赋》曰"良木攒于褒谷"[①]，可见都城建设、宫阙用材，也可由此得到供应。但斜谷内的许多古道，已经被现代水库淹没。

自斜口入山三十里为鹦鸽街，为一古镇。其地背山面水，据一小台地上，当为古驿站。鹦鸽地理位置特殊，自其地向南，太白山众峰高耸，如一道屏障，环列其南，鹦鸽街正好处于其山弧所向的中心位置。故此地众水汇集，沿河谷有多条道路可以登山。仰望雪峰天外，击鼓而致云雨，旧时四方香客至太白朝山，多经此途，入南天门而登极峰。而那些采药打猎、造纸烧炭、伐木种地、割漆养蜂、种耳炼铁者，也先至此，而后散往四方。

[①]《文选·蜀都赋》，岳麓书社1995年版，第151页。

这些人来来往往,登山踏道,山货土产贩运不绝。其地又是古道必经之处,故眉县至此一线,沿路都比较热闹。

自鹦鸽街溯斜水南行,进入桃谷川,路甚平坦。再前则是五里坡。

五里坡亦名"五里岭",古或称之为"衙岭"。《汉书·地理志》:"斜水出衙领山北,至眉入渭。褒水亦出衙领,至南郑入沔。"①衙岭即山梁之垭豁,也就是山梁最低处,现代地理学中指山梁的鞍部。衙岭西北接青峰山,东南接太白山,越梁之路约有五里,故俗名五里坡。因其道有路沟之形,亦曰五里沟。

褒河与斜水的分水岭五里坡

---

① 《汉书·地理志》,中华书局本,第1547页。

五里坡是斜水与褒河的分水岭，也算渭水与汉水的分水岭，黄河与长江的分水岭，也就是秦岭大梁。但其地并非巍峨难攀之大山，而是出乎人意料的一片低平，长不过五里之土岗。千里巍巍秦岭突然中断，出现如此缺口，让人们想起李白"天门中断楚江开"的诗句，其境况何其相似。

　　如此低平之分水岭，这在秦巴诸道中，是极为罕见的。如行故道，要越高峻的煎茶坪、子午道，要越秦岭大梁、傥骆道，甚至要翻三座大山，艰难备至。相比之下，褒斜道只越此小小一梁，便轻松完成了流域跨越，这一点，让其成为一条最平坦的越岭古道，也使褒斜道占尽风光。很少有人能想到，在绵延千里的秦岭梁间，最高峻、最巍峨、最险恶的太白山旁，竟然隐藏了这么一处最简易的低梁，成为翻越秦岭的捷径，真是上天对秦蜀交通的一份特殊恩赐。

　　五里坡分水岭，东边斜水一侧坡陡，西边褒水一侧坡缓。因为其地斜水河谷比褒水河谷低，褒水一侧远古又曾为沮洳之地，故东侧路间或有渗流，道路有时较为湿滑。

　　坡，古人曰"坂"，大道之坡，古来多有助客之脚力，如代行旅背负行囊、盘运货物等。也有以牛骡助客拉车捎货，以人力代为推拉车辆者，近代称为"挂坡"。汉人《论衡·效力篇》即曰："重任之车，强力之牛，乃能挽之。是任车上阪，强牛引前，力人推后，乃能升逾。"古时五里坡，道路宽阔，可以行车，有许多以盘坡、挂坡为生者。国家有大规模运输或军事行动时，便可于此设官仓、官车、官牛，进行转运。

　　五里坡不仅是一处特殊的分水岭，具有自然地貌上的独特性，在古代交通史上，也不失为一处大道坂坡运输之典型。

　　《汉书·地理志》曰："武功……有垂山、斜水、褒水祠三所。"[①]古人祭山神祠，喜建于山脚；祭河神祠，喜建于源头。斜水祠与褒水祠也

[①]《汉书·地理志》，中华书局本，第1547页。

太白山北的东西向地槽

有可能建于两河源头,颇疑这两处汉祠遗址或残存于衙岭之上。

将来计划的引汉济渭工程,方案之一即堵塞关山。让褒河上游虢川淹没,成为水库,水位提高后,由此引水东入斜谷流至渭河。今人也于其地进行建设,大造景区。所以,五里坡一带的地形,与历史地貌、古道建筑遗迹,也应当给予尽快调查,抢救记录。

过五里坡沿褒水上源向西行,即至太白县城嘴头镇,其间地势甚平,沿褒水而下,则直入汉中褒城。沿水而行的褒斜道,可以说一步也没有离开过这两条河流,真正是名副其实。

古人认为褒斜古道系"夏禹发之",虽是推测,但也不无道理。夏禹治水之时,行遍天下,开山劈道,踏勘九州。他的亲属被分封到汉中褒国,就得走这条路。

行褒斜道,轻松过得五里坡,便算是穿越了秦岭,令人不可思议,犹如一梦。今人测得太白山主峰海拔三千七百六十七米,我上初中时,地图上标的是四千米,而关中盆地海拔不过四五百米,相对高差达三千多米,岂不噫吁嚱危乎高哉!伫立五里坡,回望那神秘雄奇接天连日的太白山,让人感叹不已。此时,再读一次李白《登太白山》诗,就会别有感受。

诗曰:"西上太白峰,夕阳穷登攀。太白与我语,为我开天关。愿乘泠风去,直出浮云间。举手可近月,前行若无山。一别武功去,何时复更还。"

萧何月下追韩信

历史上的秦巴古道,虽然险峻艰辛,但山川雄奇,一路充满了诗意,充满了历史,充满了故事。行于这种道路,绝不可以将其仅仅视为越山赶路。许多有识见者,都把行进古道当作一种人生享受,一种穿越时空的身心体验,一种特殊的游学阅历。游行于云山栈路之间,甚或会获得终生有益的人生感悟。

当我们沿着褒斜古道行到马道这个地方,一个山区小镇出现在我们面前。在这里,可以看到一方碑刻,上大书"寒溪夜涨"四字。这四个字,可不是一般的景物描述,也不是普通的诗句,而是记下了一个特定的历史时刻,锁定了一起特殊的历史事件。这一历史时刻,关系到中国历史的转折;这一事件,关系到一个著名王朝的命运。

"寒溪夜涨"碑

寒溪是褒河的一条小小支流,长度不过二十公里。这条小河发源于褒河西侧群山之中,又名樊河,俗名西沟河。传说韩信当年月夜从汉中出逃,至此恰逢寒溪水涨，无法渡过，滞留徘徊之际，被萧何追及，劝返汉中。这一故事，叫作"萧何月下追韩信"，是中国古代经典的人才学佳话，为后人津津乐道。古人于此立碑纪念，马道由此也成为古道上一处名胜。

刘邦出身草莽，早年投机革命，造了反，并先行打下了关中。其时天下英雄，共奉楚怀王为宗，楚怀王约定"先入定关中者王之"，就是说，谁先拿下关中，谁就为关中王。刘邦最大的愿望，就是当上个关中王，在群雄割据中占据一块好地盘。不想本应到手的肥肉，却引起实力更强大的项羽的忌妒。项羽破坏协约，强行分封刘邦到偏远的巴蜀，并且挖苦他说："巴蜀亦关中地也。"这一下把刘邦气了个半死，但在项羽兵威之下，也无计可施。他更担心的是项羽乘机灭了自己，只好胆战心惊，逃到汉中南郑，当了个汉王。

秦汉时的巴蜀汉中，与中原有大山阻隔，交通不便，尚被许多人视为鄙远荒蛮之域，巴蜀更是强迫移民之区。刘邦部下多为东部之人，不愿终老此乡，皆思东归。另外许多有志将士，见刘邦不思进取，竟安于小国寡民之现状，尽皆失望。于是，刘邦的部队大批将士逃亡。再这样下去，兵散势弱，刘邦怕连巴蜀这块地盘也保不住。刘邦也意识到情况不妙，但一时又拿不出办法。

正在此时，突然有人报告，丞相萧何也逃跑了！刘邦闻讯，又惊又怒，如失左右手。萧何对于他太重要了，是自己最亲信之人，如果连萧何也逃跑了，就意味着刘邦部下心理基本崩溃，自己也成了孤家寡人。这消息让刘邦听来，不啻晴天霹雳。

那么萧何跑到哪里去了呢？

原来，萧何并未逃走，而是十万火急去追赶一个逃走的下级军官。这个军官，名叫韩信。

韩信，淮阴人，少时家境贫寒，食不果腹，甚至在别人家混饭，但他志向远大，依然身挂长剑，常为市人耻笑。有天遇到泼皮挑衅，他君子不与小人一般见识，竟然甘受胯下之辱，当众从泼皮的胯下钻了过去。

秦末项梁起兵，韩信杖剑从之，居戏下，无所知名。项梁败，又属项羽，当了个小官郎中。他曾多次向项羽建言献计，可项羽根本就不屑一顾，这令韩信大失所望，知项羽难成大事，于是又乘汉王入蜀之机，亡楚归汉，投奔了刘邦。但在刘邦手下，也籍籍无名，才能不为人知，还差点被杀。幸得滕公夏侯婴发现他是一位人才，免其死罪，并推荐给刘邦。刘邦压根没瞧起韩信，只不过看在滕公面上，赏他去当管些粮草的治粟都尉，算是升了官。

当时萧何主管后勤，韩信正好能与萧何搭上话。韩信与萧何谈论几次，萧何大惊，发现此人竟是一位罕见的杰出人才，但没向刘邦汇报。而韩信却猜测萧何已经多次推荐，只是刘邦不想用他，所以灰心之余，骑马夜逃。萧何闻听韩信逃走，来不及上报，立即亲自上马追赶。

于是有人立即报告说："丞相萧何也逃走了！"刘邦听到的就是这个消息，虽然震怒，却也无可奈何。

那一夜，秦岭巍峨，明月高悬，充满失望的韩信，沿着深山古栈，骑马而逃。萧何心急如焚，策马后追，刘邦以为萧何逃走，拍案震怒。两千多年前的此夜，成为一个不眠之夜。

过了一两天，萧何来见刘邦。刘邦见萧何回来了，又怒又喜，骂萧何道："你怎么也逃跑了？"萧何曰："臣哪敢逃跑，臣是去追逃跑者。"刘邦问："那你萧何追的是谁啊？"答曰："韩信。"刘邦一听，又骂起来，说："逃跑那么多将军，不见你追，却去追什么韩信，你这话哄谁？！"萧何："那些将军好找，多得是。但韩信这人，真的是国士无双。你要是只想在这里当个小小汉王，就不说韩信的事了。但要想争夺天下，成就帝业，除却韩信，你还能和谁谋划此事？这就看你想干什么了！"

刘邦呆了半响，说："我就看你的面子，给他个将军吧！"在萧何的极力劝说下，刘邦终于让步，隆重拜韩信为统领三军之大将。

汉军自得韩信，如虎添翼，局势立即扭转，北定三秦，东击项羽，刘邦终于平定天下，坐上了皇帝宝座。

若不是寒溪夜涨，韩信被滞留于此马道，萧何也就追不上韩信，也就没有后来的韩信拜将。汉军不得韩信，也就没有"明修栈道暗度陈仓"之略；也就难于轻取三秦，更没有后来的破赵灭齐，使汉三分天下有其二；也不会有垓下决战，十面埋伏，那么刘氏的一切历史都要改写。是寒溪这次突然涨水，救了刘邦，成了刘邦汉家大业由死而生的转折点，而寒溪的涨水乃上天所为。所以，也可以说，天不灭刘，是上天给了刘邦一个机会。

韩信曾在项羽手下，而不为所用，此人项羽失之，刘邦得之。几乎可以说，失之者亡，得之者兴。

清乾隆年间，又有人立一块"汉相国萧何追韩信至此"的石碑。"萧何月下追韩信"遂成千古美谈。

樊哙是刘邦的连襟，亦是刘邦之猛将，战功颇高，但见了韩信，也诚恐诚惶。《史记》记载："信尝过樊将军哙，哙跪拜送迎，言称臣，曰：'大王乃肯临臣！'信出门，笑曰：'生乃与哙等为伍！'"韩信竟然羞与此辈为伍。

《史记》说汉建国后，整顿纲纪，萧何次律令，韩信申军法，张苍为章程。《汉书·艺文志》记载："汉兴，张良、韩信序次兵法，凡百八十二家，删取要用，定著三十五家。"张良、韩信能受汉王朝委托进行兵法整理，当然是公认的多年战争拼搏中最后登上军事巅峰的两大高人。两人中，张良好歹是贵公子，受过良好教育，而韩信家贫如洗，一身本领究竟从何而来，这还真是一大未知数。

和现代一样，寒溪这一名胜，古时也引起众多地方争夺。有人说，韩信出逃东归，应当另选道路，于是南江县巴山之上有截贤岭，也出现了一处寒溪，也出现一处韩侯庙。连阳平关也有一处寒溪，同样有关于韩信的传说。

其实，寒溪在什么地方已经不重要，重要的是这起历史事件以及它带给社会的深刻启示。说起来，人才的成功，有四难：一是难学，学者如牛毛，成者如麟角，其间无数人都被淘汰了；二是难得机遇，即便已有才学，但无人赏识,无机会展示,加之社会选拔人才标尺不一,所以,老死沟壑者又是一大批;三是难施展,即知其为人才,但生不逢时,李将军不遇高皇帝,也只好望洋兴叹;四是难善终,凡为人才,必有忌妒者,害之谗之,令其难以善终。

所以,如何培养人才,如何让人才脱颖而出,如何为人才提供腾挪之地,如何让人才一心建功,则是国家之大计。

褒斜道上这处寒溪,虽为小小一道河沟,但过往之人,无论贵贱,听到这个故事,想必都有感想。

褒城寻古道

褒城位于汉中城西北三十里处,地处褒河谷口西岸。说起褒城,可能天下没有一个地方与它重名,褒城的褒字,虽然有些冷僻,但大部分人却并不陌生,因为这个褒字,就是古代美女褒姒的褒。传说褒姒的故乡,即位于斯地。褒姒的美貌自不必说,但她却是个最不爱笑的美人,为了讨她的欢心,周幽王演出了"烽火戏诸侯"这一幕中国古代上最宏大的历史剧。落幕时,一个庞大的西周帝国在血火中轰然倒塌,让周幽王成为千古笑柄,褒姒由此也成了一笑而倾人国的超重量级美女,并且被历史上许多人冠以最大的红颜祸水称号。褒姒的大名,让褒城声名远扬。

过去,由褒城进山不远,青山下,碧水旁,有一个小村,村名就叫"褒姒铺",当地人传说,那里就是褒姒的生长之地。当年生长在这里的褒姒,还只是一个清纯的少女,好山好水养美人。大凡出美人之地,都有其山水灵秀之处,都值得观览游赏。可惜,七十年代新建的一座巨大水库,已经将褒姒铺完全淹没,沉入深深的库底。浩渺的烟水,从山谷间轻轻抹去了那个小山村,抹去了那个梦一般的去处。

按《史记》所说:褒姒本生于镐京宫中,出生后即被弃于宫外,为一对逃亡夫妻捡得,带着这个女婴至褒城长大。后被褒人献于周幽王,复入于镐京宫中，为周幽王所宠爱，竟成为幽王之王后。《国语·晋语》记载与上略有不同，说是周幽王讨伐有褒之国时，褒人恐惧，将褒姒献于幽王。

两说虽小有不同，却都透露数处令人感兴趣的信息。首先，早在夏代，秦岭巴山间富饶的汉中盆地中，就建有一处姒姓封国，并以中原的夏王朝为宗主。汉中与中原之间，千山万水，当时联系的通道如何，有没有出现栈道结构，让人遐想不止。其次，到了西周时期，镐京到褒城的古道似乎更加畅通了。那对穷夫妻能带着婴儿从京城逃到褒城，幽王征伐褒国，带兵进军汉中，也要翻越高大幽深的秦岭，都要有可以通行的道路。如果记载无误，那么两三千年前，这条山区古道应当已经畅通。这些更是让研究古道者心动的资料。最后，不论周人从何处进入秦岭，但他们最后由秦岭走出大山之处，就是褒城这个地方，应当是没有大问题的。

这些记载，隐隐约约透露出了褒斜古道的早期影子，让人不得不注目于这个神秘的褒城。战国时期，古道上的褒城已经名声大震，这条古道的线路也日渐清楚，它的北口就是斜谷，这时其道上也出现了栈道的记载。秦汉时代，褒斜道大为畅通，汉代的司马迁于《史记·货殖列传》中说："栈道千里，无所不通，唯褒斜绾毂其口。"[①] "绾毂"也就是扼控之意，就是说，千里栈道穿越秦岭，北口是斜谷之口，南口是褒谷之口。而褒城正处于秦岭南侧的褒河谷口，控制着出山入山的道路。所以，古人在这种地方，设关立卡，乃最佳位置。

褒城是一座典型的因道路交通而发展起来的城市。因扼褒斜南口，道路畅通的时代，南来北往，商货不绝，正如《石门铭》所言："畜产盐铁之利，绲绵罽氍之饶，充仞川内。"其商业借此得以发达。西晋左思《蜀都赋》亦曰"良木攒于褒斜谷"，秦岭山区的木材山货，也由此源源而出。褒城更大的影响，在于其北为秦岭栈道，其南则入巴山栈道，秦岭古栈号为北栈，巴山古栈号为南栈。所以，商客行旅也多在此食宿，整顿行装，买卖商品。

---

① 《史记·货殖列传》，中华书局本，第 3261—3262 页。

褒口的石门峡谷

汉代开凿的石门（拍摄于二十世纪六十年代）

所以，此处也必然会形成一处繁忙的市镇。于是褒城便成为秦蜀古道上的重镇，南北古栈道的重要枢纽，历代必设驿站之地。古代的褒城地处要道，北通长安，南达蜀滇，车马喧嚣，异常繁荣。褒城的驿站，曾号为天下第一驿。

但今日这处褒城，却不是秦汉时的褒城，文献记载，古褒城要在其南十里之外。北宋时，褒城始移于此地，尽管如此，这座古城镇也有了近千年的历史。

褒城旧有城垣，设南、北、东三门。南门与北门为通古道之门，东门隔河与河东店老街北口相对，中间旧时有渡。其地河谷有汉萧何所修山河堰。

近代交通科技发生突变，公路、铁路的出现，彻底改变了世界，此一变革，中外概莫能外。繁荣了数千年之久的褒斜道，也在这场大变革中受到致命的冲击。褒城自然也是如此，先是民国时期，川陕公路宝鸡至汉中段通车，公路从石门上游的褒河向南改道于河东岸，不直通褒城。由于这

古山河堰首上移新貌

一改，褒城地位一落千丈，繁华不再。新中国成立后，宝成铁路通车，取代了秦蜀古道，连川陕公路的重要性亦被削弱，使褒城更变得破败不堪。二十世纪五十年代，褒城被撤销县制，成为一镇。其后，褒城又由镇再降一级，不知道算什么了。

二十世纪六十年代我就从褒城穿越过，后来又在褒城旁工作了八年，熟悉这里的一草一木。我见到的褒城，已经基本没有了城墙，没有了城门，但原先城中那条南北古街犹在，我还多次于其上走过，城中破旧的老衙门，我也曾凝视过。当时，正修褒河水库，无数民工出入于其地。记得自己曾写过几句破诗，中有"当年褒姒今若在，也戴柳帽当民工"的句子。

2010年，为寻找古道，我重游此地，褒城街上人影稀疏，一片凄凉。这座古城曾经的喧嚣繁华，也与许多事物一样，从历史上像风一般消失了。过去让当地人引为自豪的老褒城，只留在一些茶馆的闲话和老人的记忆之中。

如果要在这里寻找古道的遗迹，那就是现存的城中南北长街。北来出山者，不论从褒河口的汉石门出山，还是从半坡的七盘岭下山，道路都汇

今日的褒城

褒城北侧的千年古道

石门峡谷西侧的七盘关古道依稀可见

入这座古城，行人都要穿越这道长街。所以，这道荒凉长街，至少已经有近千年的历史。千百年来，这条街道不知铺砌了多少次，道旁的房子屋店铺不知变化过多少次，但它一直是条行旅不绝的长街。

从古城北出不远便是褒河谷口，两岸已经布满现代建筑，但有一条小道，沿着河西空旷的山坡蜿蜒而上，从老褒城直达西山上的七盘关。这条道路毫不起眼，行人稀少，但这是一条古道，是著名褒斜道上的一段，也是保持着原始风貌的一段古路，弥足珍贵。古人由褒城北上，踏上征程，行在这条道路上，慢慢攀爬，前途关山重重，山高水险，难免会心事重重。而古人如从路险天窄的秦岭大山中走至七盘岭，眼前豁然开朗，再顺着这条道路，一步步走入锦绣般的汉中平原，可以想象，那是一种何等喜悦轻快的心境。

褒城的境况虽然一日不若一日，但褒城的大名却长存历史，任雨打风吹，谁也无法抹去。

汉中的小茶馆

汉中是我当年下乡插队之地，因喜欢李商隐那句"却话巴山夜雨时"，当年毅然选择了汉中。我校学生当时可以有两个选择，一个在宝鸡，距离西安较近，这里是关中黄土原区，是关中厚重朴实的老农建设的古村，色彩苍老。另一地则在汉水之南，是与巴蜀一体的南国风貌，清新艳丽，却距离西安遥远。经过比较，我还是喜欢青山绿水，不怕遥远。于是，我的生命中，便被命运分配了十年汉中的生活，汉中几乎成了我的第二故乡。后来从事考古，特别是调查古栈道，又多次来到汉中，看那清澈的江水，听那熟悉的汉中话，吃那美味的米皮，更重要的是一种寻找，寻找汉中在秦巴道路交通史中所担当的那份特殊使命。

二十世纪六十年代，汉中还没通铁路，全凭不多的几条公路维系主要内外交通，山区交通更是不便，所以，不少地方还保存有古朴的民风，如同清末民初一般。汉中的老街都不甚宽，石板路，铺面也都是一二层土红色的板房子，这些建筑，大部分都是明清时期的，少数为民国时期所建。有不少上年纪的山民还身穿长袍，头上盘着帕子，古风不减。山民要么背着背篓，要么挑着担子，要么推着鸡公车，带着山货土产进城买卖。饭铺茶馆里，人们大块吃肉，大碗喝茶。

秦巴山区的山民

行走于这种街市，感到自己几乎也成了古人，很是有趣。只可惜自己当时太小，不知道这种珍贵的历史景象会转瞬即逝，丝毫没有记录它们的愿望。我入汉中时，此处已经遭遇到"文革"的激荡，许多古街被摧毁，成为大面积的废墟。但依然保存有大片的木构老建筑，行走其中，印象深刻。

近年走进汉中，则已经高楼林立，像样一点的老街小巷已经很难寻找。东门桥南，古汉台之东，尚存一条小小的南北古街，可以通往城中另一古迹饮马池。它的两端连接着汉中的两处名胜，如能保留不拆，则是万幸之事。但世事难料，现代崇洋之风大盛，保不准哪一天，此地又变成一片瓦砾。所以，走到此处，不由得慢慢品赏。这条街道虽然不宽，房舍低矮，远远比不上旧时汉中的街道，却都是老房老户，是原生态的古民居。至少自明清以来，这些汉中人就世代居住于此处，生息于其地。至今这里保存着历史的建筑格局，石板路，小青瓦，商铺门面，保持着当地许多的民风习惯。当然，这里的年轻人早就看不上那种破家，能出去的也都搬到了单位或者新小区居住了，留下的则大多为老人。老房旧窗加上出入于其中的老人，使这一老街越发显得衰弱陈旧，无有朝气。

汉中城一条老街

汉中古饮马池

在街道南部，看到一群老者闲坐聊天，直到其旁，才发现他们对面还有一小茶馆，高矮不齐的破凳子小椅子上，坐满了老汉，有一二十人。他们一个个老态龙钟，行动迟缓，有的喝茶聊天，有的闭目打盹。一老婆婆在旁烧水添茶。所谓喝茶，也端的是破杯旧缸子。看来，这是一处衰落得不像样子的老茶馆，比之旧时城中热闹的大茶馆，那可真是天渊之别。

我在南京机场候机，曾喝过一杯六七十元的茶，那么，在这样的茶馆喝一次茶，费用是多少呢？说出来可能让所有的人吃惊。一元钱便可以坐在这里喝上一天，如果不嫌，可以用这里提供的免费茶杯，当然，茶叶自备，开水随时添加。这一条件，对于囊中羞涩又孤独的老人，无疑是很有吸引力的。

一个学生听到这个价格后，立即笑嘻嘻地表示，要给秦老师包一年的茶费。看着那些沾满灰尘污垢的茶具，不是旧罐头瓶就是破搪瓷杯，大家都笑了。虽然是开玩笑，但我却想，真能坐在这里喝茶的话，也是一种幸福。因为在这样的地方喝茶，不但是一种社会体验，更重要的是，这些破旧茶馆中的老汉，是地方近代历史最后的见证者、记忆者。他们可能走南闯北，上关中，下四川，经多识广；他们可能踏山越河，过秦岭，攀巴山，出生入死；百年来汉中珍贵的历史变迁、民风旧俗、古道传说、掌故异闻，都装在他们的头脑中，也只在他们之间闲话交流。"白头宫女在，闲坐说玄宗"，而这些，正是有些文史学者和研究古代交通史者不屑于下问的。当这些风烛残年的老者相继过世后，某一天，我们突然醒悟，可能才顿足连连，痛感放过了一处巨大的应当极力抢救的文化财富。这些老人，是一部部等待社会阅读的地方文化活字典，而这处脏乱的茶馆，无疑也是一处即将消失的特殊"图书馆"。

我想往昔秦巴古道上的小镇铺驿，应当有很多这样的普通茶馆，为行路的穷人提供歇脚喝茶的场所。而这些，在数十年前就已经消失了。汉中小街里这处茶馆，也算是一处难得一见的标本。

我虽有入内喝茶之念，却愧为杂事缠身，感叹而去。倘有君子，愿入馆内，捧茶聆听老者沧桑之谈，则亦仰慕焉。

汉中净明寺塔

寻觅褒中

褒河是汉水的支流,发源于秦岭太白山,在大山间奔腾数百里后,自石门峡谷出山,进入锦绣如画的汉中盆地,最后于梁山北麓注入汉江。汉江虽为主流,但从两河交汇处起算,褒河的长度甚至长于上游的汉江,所以,这里也是两条大河的交汇之地。

老街风貌多已消逝,这是山区尚存的老屋古道

自古以来,大河交汇之处,就是建城立邑之首选佳地。特别是江河水运发达之时,这些地方更易借助水运形成交通枢纽而繁荣兴旺。如长江上游的重庆,中游的武汉,无不如此。但是,我们站在褒河与汉江的交汇处,但见水面开阔,烟波浩荡,这一带并未见有什么都市,只不过有一座默默无闻的小镇占据其地。这座小镇名曰长林,亦曰长寨,属于勉县。

但是翻开古书,一座早已在历史上消失了的城市,慢慢浮现了出来,这座城市就是褒中。令人欣喜的是,这个古褒中正好处于二水交汇处的长寨。这一发现,也解除了褒汉交汇处未见城市的疑惑。

褒中大约是汉中盆地最早的中心城市,它设邑为都,比汉中建城还早,堪称悠久。大约四千年前,夏封同姓于此,建立了褒国。这个褒国,历夏商,至西周时期,已逾千年,其国尚存。这一时期,这座国都大约一直称雄于汉中盆地。

西周晚期,有一对夫妇从镐京出逃,带着一个被人抛弃的女婴来到褒国。这个弃婴渐渐长大,生得美艳无比,名曰褒姒。《国语·晋语》说:"周幽王伐有褒,有褒人以褒姒女焉。"有褒即褒国,不知是褒姒之美导致了幽王征伐褒国，还是褒国被伐，褒人为讨好幽王而献上褒姒，总之，褒姒就于此时北上镐京，入于王宫。周幽王宠爱褒姒，后宫无人能及，最后竟然废去原来的王后申后，废去太子，改封褒姒为王后，以褒姒子为太子。那时的褒国，作为王后之故乡，大约也很受宠幸，会得到许多恩荣与惠顾。

然而世事莫测，后来周王朝发生了巨变。幽王治国无方，昏庸无道，更因迁就褒姒而滥用烽火，戏弄诸侯，引发内乱外侵，西周被灭。乱兵入境，幽王遂死于骊山之下，褒姒亦被虏于犬戎之邦。而被褒姒之子取代太子地位的那位太子，在诸侯扶持下，重新得势，登基为天子，这就是周平王。周平王迁都洛邑，他对褒国应该没什么好感。天下大乱之中，这个褒国也渐渐无声无息，不知亡于何时。其地一度为蜀国占领，到了秦时于此设置了褒县。

褒国既衰，一座新城南郑渐渐在其旁崛起。随着汉初刘邦建都南郑，南郑规模渐大，成为汉中盆地首要大都市，褒国旧都，又成为褒中县。刘邦送张良北归，就在这个褒中分手话别。汉初，因其地处要道，褒中都尉治此，此时的南郑是汉中盆地的政治中心，褒中则是军事中心。此后，东汉永初四年（110），羌人自西攻入汉中盆地，汉中太守郑勤急赴褒中防御，轻率出战，死于是役。其后，褒中曾发生多次战事，以致焚毁，不可复固。由此，亦可见其军事地位。

东晋义熙年（405—418），褒中一度改名为苞中县。当时，县城亦称"南城"。这个名称的出现，或因北褒谷口的新城已经产生。刘宋时，苞中曾为刺史治所，地位有所提升。到了后魏永平初年，褒中再次兴旺，于此置褒中郡。作为郡治二十余年，至梁大同初方才被废。隋初，曰褒内县。开皇九年（589），改为褒城。义宁二年（618），复曰褒中。唐贞观三年（629），又改为褒城县。北宋嘉祐元年（1056），移治于山河堰西北今褒城，由此，新城兴而旧城衰。这座有着近三千年历史，曾经辉煌过的古城，渐渐隐入了历史，从人们的视野中退出。

有些人寻找褒中，将其位置定在褒河东岸的打钟寺，并不可靠。因元代曾一度将褒城移于河东店,而褒中又处于褒城之南,据元时褒城而寻褒中,则不免有误。

褒中的位置,就在褒水西岸的长寨。北魏郦道元《水经注·沔水》说得非常清楚:"褒水又南径褒县故城东,褒中县也。本褒国矣,汉昭帝元凤六年置。褒水又南流,入于汉。"①《史记正义》引《括地志》曰:"褒国故城在梁州褒城县东二百步,古褒国也。"②当时的褒城县尚在长寨,二百步不足今三百米,两者地境相接,其地大约在今杨寨,可以说就是一地。在长寨与杨寨的地下,都保存有大型汉代遗址,这一发现也是一有力的证据。当然,汉代遗址之下,可能还存有更珍贵的古褒国的遗迹。

汉中盆地富庶广袤,为何其中心都市率先诞生于长寨?

细细分析起来,长寨地处汉江与褒河交汇处,古为水陆交通枢纽,故号为"褒中"。其地陆路四达,东通汉中,西达勉县,北接褒斜,南入巴山。同时其水路亦为枢纽,这一点尤其重要,然多为研究者忽略。其地旧时通航,沿汉江亦西能至勉县,东下襄汉。

古时汉江下游船只,可以轻松上溯至汉中,《三省边防备览》:"至汉中城,可行百斛巨舟矣。"③清人王士性《七盘岭》诗:"襄阳大艑来,千里帆樯通。"再向上游,一般船只也可以通达至勉县,小船甚至可以上溯至玉带河。清宁羌知州刘荣,于康熙年间曾水运粮食,沿江而下至洋县,时"关中大饥,汉南尤甚。……奉檄赈洋县,移粟沿汉而下。荣先遍历审勘,克期给发,数日而毕"④。

清《周行备览》记载,古人从东方水运货物至勉县,由勉县将货物转为陆运,西至阳平关,再转嘉陵江水运。行旅则可以自勉县乘船而下,至汉中城固洋县。

---

① 王国维:《水经注校》卷二十七,上海人民出版社1984年版,第881—882页。
② 《史记·周本纪》,中华书局本,第147页。
③ 严如煜:《三省边防备览》卷五"水道"上,道光三年(1823)刊本。
④ 《清史稿·循吏一》,中华书局本。

高邮保存的明清盂城驿

《史记》记载,西汉武帝时,曾有人建议,南侧开通汉江至褒水上游航道,北侧开通渭水至斜水上游的航道,中间以陆路转运,运送漕粮。此项工程虽未成功,但却证明,褒河下游有些地段还是可以通航的。所以,长寨正处于两条航道的交汇处,为一重要码头,这一带也可能设有大型货栈漕仓。《水经注》记载,与长寨一江之隔的梁山下,临江即有一名为"万石城"的古城堡,这座城堡应当就是一座大型漕仓。因此地水陆优势,而形成军事交通经济上之重地,褒城驿号为"天下第一驿",也就不难理解了。

长寨地势开阔,水有芦荻,陆有稻田,一派江南风光。无论是自秦岭出北栈者,还是自巴山出南栈者,历尽险峻,至此无不感叹其美。而此地唐时设褒城驿,也雄壮崇侈,轩堂室庐,一应俱全。驿中甚至借助其临水优势,设有花园池榭,画船钓台,楼西驿马嘶,帘外春江流。此地一年之中仅接待往来要员即不下数百起。

长寨的水运优势,后来渐渐失去。盖古代秦岭巴山,郁郁葱葱尽为原始森林,所以河流清澈,流量大而稳定,利于行船。后代大伐森林,河流也随之改变,变得暴涨暴落,洪水枯水明显,滑坡乱石破坏航道,这些都不利于行船。近代则重汽车、火车而轻视航运,所以,多种原因造成江河航道减短萎缩。在这种状况下,长寨眼见得樯帆渐远、商旅日稀,唯望江而兴叹。

民国时期，川陕公路未筑前，古道依然行于长寨，但其衰落之势未减，集市已由清时的日日集改为百日集。其东有龙江古渡，东渡褒水（龙江）经龙江镇可达汉中。龙江渡为当地著名古渡，"龙江晓渡"为汉中八景之一。川陕公路通车后，入川主道不再行经其地，长寨又失去了陆路交通要道地位，从此繁华不再，沦落为一小村镇。但那沿古道而绵延的一道长街，还在顽强展示昔日的辉煌，当地讥笑吹牛者的俗语曰："吹鼓手过长寨，差点吹断气。"

古褒中城因水陆交通而盛，亦因水陆交通而衰，可以说成也萧何，败也萧何。交通对于城市发展之推力于此可见。同时，城市兴衰与周边自然环境的变迁，与社会交通工具的变革，也都有关联。所以，由昔时褒中颓变为今日长寨的这一小镇所蕴含的丰富历史，所带给后世的启示，的确耐人品味。

汉中怀古

汉中盆地处于秦巴山地之中，四面大山围合，中间汉江奔流。此地川原平阔，稻田万顷。放眼望去，处处山光水色，白鹭飞翔，时或稻香莲红，鱼游蛙唱，堪称秦岭巴山间一处小江南。而汉中，即坐落于这处盆地之中心。

历来古人建都立邑，必选居中之佳地。在汉中盆地内建邑取中，如取水势交汇，当取褒中（今长寨）；如取山岭龙脉，当取梁山之龙岗；如取盆地之心，则当取汉中之地。

站立汉中城遥望，正西有座高山，即梁山。梁山又名中梁山，是一道突入汉中盆地中心的山脉，来势甚奇。古人认为，汉中曾名"梁州"，所以梁山是汉中之镇山。《读史方舆纪要》卷五十三："中梁山在县南三十里。以其镇梁州之中，故名。"唐人诗曰："汉水出嶓冢，梁山控褒斜。"梁山之余脉为一低山丘陵，名龙岗山，龙岗之首，隔江直对汉中西门，汉中城实借梁山龙岗之余势而建。

龙岗得名甚古，《华阳国志》即记有龙岗之名，今山之龙首处尚有古龙岗寺建镇其地。《水经注》曰："汉水又东迳汉庙堆下，昔汉女所游，侧水为钓台，后人立庙于台上。世人睹其颓基崇广，因谓之汉庙堆，传呼乖实，又名之为汉武堆，非也。"龙岗寺疑即《水经注》所述之古庙所在。

汉中城不惟得梁山之雄气，又南临汉水，城踞汉中盆地之中心，兼得山、水、地中三利，所以城市兴旺，长盛不衰。汉中在军事地位上，也较褒中有相对优势。因自古汉中常受北方、西方之敌入侵，而城西之褒河，正好可以作为一道天然防御线。

汉中也是一座秦巴古道上的历史名城，自公元前451年，秦国于南郑筑城起算，至少已经建城两千四百六十多年，比著名的汉长安城与秦咸阳城还要古老。然而，为什么要将南郑筑城之事算在汉中身上？原来，汉中的前身就叫南郑，而原来的汉中郡治设在汉水下游安康，大约东汉初，汉中郡治由安康迁到南郑后，南郑城一直是汉中府郡所在地，而现在的南郑则是从汉中分出的一县。

西周末年，周幽王因美女褒姒而引发了一场战乱，这场战乱不仅导致庞大的西周王朝灭亡，并逼迫住在郑地（今渭南华县）的一批贵族带领族人翻山越岭南逃，到了此地方才驻足喘息。后来这些人就长居于此，史称其部族为"南郑"，就是说迁至南部的郑人。而郑人所居这处地方，也由此而得名南郑。既然是战乱中出逃，必然知道战争的利害，所以，这些郑人可能也要建城筑郭，进行自卫。如果这一推断不错，那么，汉中建城的历史，还要增加，可以上推至公元前770年之后，有两千七百来年的建城史。

很有意思的是，美女褒姒就是汉中人，郑人南逃，南郑在此地的出现，也都与这位汉中美女有关。

汉中建城的历史，稍晚于其西的褒中城。《水经注·沔水》曰："（沔水）又东过南郑县南。县，故褒之附庸也，周显王之世，蜀有褒汉之地。"[①]

---

① 王国维：《水经注校》卷二十七，上海人民出版社1984年版，第882页。

古南郑即今之汉中市,但汉中自建城之时起,即渐渐夺取了汉中盆地的中心都市地位。

南郑自刘邦为汉王建都于此,汉中又成为秦巴山区之中心,秦蜀间的重镇。刘邦在汉中虽然没有多长时间,但却留下了不少历史遗迹,像萧何修建的山河堰,拜韩信为大将的拜将坛,汉时饮马的饮马池,樊哙马道桥等,今高耸于汉中城内的古汉台,亦名七星台,传说即为刘邦的汉王府。

古汉台上的望江楼

东汉初，汉中郡治移于南郑，汉末刘备曾占领汉中，自称汉中王。唐德宗曾避难汉中，返回长安后，改汉中为兴元府，南郑县破格升为赤畿，使其城市地位大大提高。此后，汉中一直是陕南最大的城市。

汉中城直至七八十年前，还大致保持着一种纯纯古风。这种古风能古到什么程度，依我说，除了人们的服装、发式和少数后代出现的烟斗等洋货与古有异外，这里的街市，活脱脱就是一幅宋代的《清明上河图》。这里有古城墙，有古香古色的传统房舍、老街道、老集市、老店铺、老茶馆、老生意。城里居民在生活方面，也照样烧柴火，吃井水，冬天取暖则用木炭火盆。说这里保存着宋元古风，应当所言非虚。

从两千多年前的古南郑发展而来的汉中城，在近代社会的巨变下，也发生了惊人的变化。特别是近数十年来，城市建设迅猛，老汉中早已车水马龙，高楼林立，发展为一座新的现代城市，在城中行走，已经很难感受到"古城"二字。这种变化当然是一种社会进步，但在变革之中，却也失去了许多文化传统。这种巨变让汉中人自己又开始怀旧，生发出了浓浓的怀旧之情。他们找到了几张清末西洋人拍摄的汉中旧照片，面对古城旧貌，感叹不已。有一张是汉中城的老城墙，城堞高耸，池隍环绕，但这些，今日几乎已经消失殆尽。

我于1968年初入汉中，一下车，眼前的汉中城经历"文革"，很多房舍成墟，斜柱断墙，一片残破，但还有许多老街很有韵味。出得城去，淡烟细雨，山色空蒙。

但我感到，还有一张老照片更有意义，这张照片记录着当年活跃于汉中城内外的背夫，背有这种背架，一看就是一种长途行路老手的样子。他们背着沉重的货物，手持搭杵，出现在汉中街头，出现在城乡接合部的集市东门外、大河坎等处。

这些脚夫专门以背运各种物资为生。他们可以背着一二百斤的重物，翻山越岭，以讨生活。旧时人们都贱称之为"背老二"，也有人敬其辛苦，称一声"背二哥"。背二哥的背架，是传承数千年的古代运输器具，背架一旦上背，就人架合一，腾出手脚方便行山路，劳累之时，则以搭杵支在后面喘息。比之挑担、背篓，背架更适合于山区险道。当年唐僧取经，就背着这种架子，宋代的《清明上河图》中，也绘有背架，形制与此并无两样。

背二哥是秦巴古道的熟客，他们或成群结队，或三三两两，背着山货土产、茶叶桐油，从川北的巴中南江翻越大巴山到达汉中，或者从汉中洋县翻越秦岭到达周至、西安。返回时，则带回来洋货布匹、棉花铁器。千年古道上，背夫络绎不绝，他们连接城乡，沟通南北，货运往来，从无缺失。平原川道，可以车载马驮之地，他们退避三舍，让人几分，但在道路险窄的古米仓道、傥骆道，车马难行，背二哥则是这些道路上最重要的流动人物，是这些道路上当然的主人。三国时魏延建议自汉中轻兵袭取长安，计划"精兵五千，负粮五千"。如果成行，则五千战士与五千背夫，绵延于深山古道，可谓浩荡而行。

山路崎岖，石硬路长，背负重物不仅步步吃力，也极费草鞋，所以，他们的背架上多悬挂着几双草鞋。为了防雨，背架上边也会蒙有雨帘。秦巴山区人烟稀少，老林茂密，行路时不但要防备毒虫猛兽，也要防备凶悍匪盗抢掠货财，背二哥虽然强壮，有时也不能幸免。所以，他们行动时常常结帮，也有建立行帮者。背二哥大多为中青年，走南闯北，算是民间比较有见识的人，同时身体强壮，收入也算可以。进了城，便会大吃海喝一通庆贺成功，气度豪迈。所以，有些背二哥也博得了山区路边少女的芳心，一路行去，野花烂漫，唱着山歌，一问一答，哥有情妹有意，艳遇颇多。这些都在当地传唱的民歌中有所表现。

可见，背二哥所经，有繁华都市，有野境穷乡，有险仄山道，有栈道桥梁，有猛兽毒虫，有美女强盗，或顶风穿雾，或踏雪践霜，淡烟细雨，峰峦苍苍，年年月月，山高水长。所以，有很多历险，很多惊喜，很多传奇，很多故事，集结于他们身上。他们结缘于秦岭巴山，见证着古道兴衰，他们支撑着古道上城镇的繁荣。汉中城的两三千年繁荣，同样也离不开秦巴古道，离不开这些背夫。可以说，这些背夫是秦巴古道不可或缺的一部分。

时至今日，城墙和背夫等都渐渐消失，只有几个老得不能再老的背二哥，还残存于世。他们可能孤独地坐在门口的石条上，回忆着生平一段段艰苦又美妙的经历，于心中吟唱当年辛苦行路或夜宿穿心店时的山歌。再过得几年，这些老汉也将和汉中的古城墙一样，一并从我们的视线中消失。当然，那时他们带走的，还有那些古道历史以及古道上丰富有趣的传说和记忆。

第三章　连云栈道

连云栈道也称连云栈，是秦巴古道中最富于诗意的名称，这个名称让人一下子想起岭高峡深栈阁连云的景象。连云道一般是指自汉中褒城至宝鸡凤县之道，盖其取故道北段上的凤县，中经一段支道，转入褒斜道南段而达褒城。连云栈的形成不是很早，学界多认为其开辟于北魏年间，初名

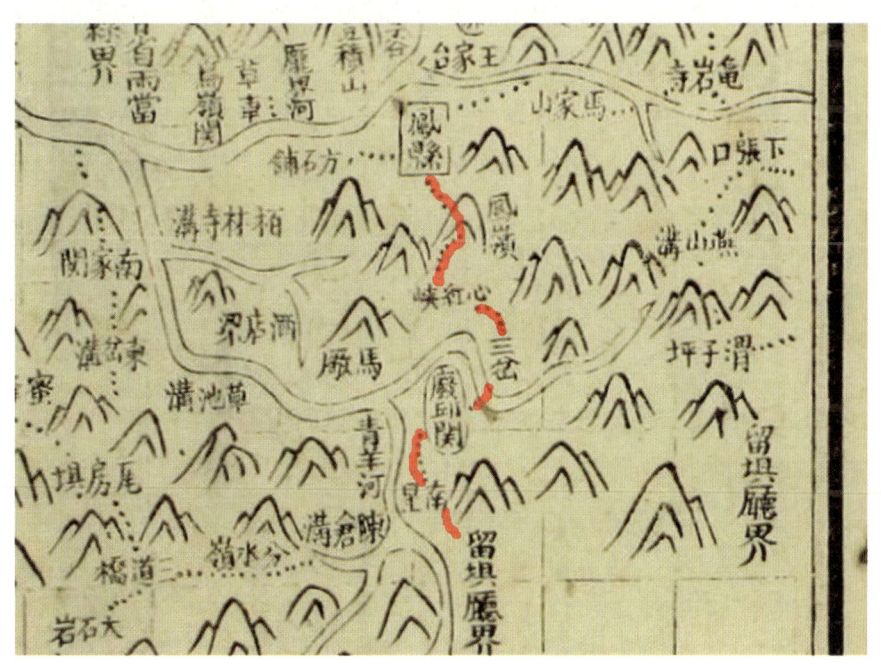

《三省边防备览》中所绘凤县入留坝之古道

回车新道，得名连云栈在其后。连云栈在元明清时最为兴盛，其时是秦蜀间大道，由宝鸡经凤县、留坝入褒斜道南段，再接金牛道入四川。民国时期川陕公路，即沿此道路开辟。

元明清时期，连云栈为北方入蜀主道，影响巨大，甚至被冠为"陕西栈道"之名。《关中胜迹图志》引《舆程记》云："陕西栈道，长四百二十里，自凤县东北草凉驿，为入栈之始。南至褒城之开山驿，路始平，为出栈之始。"①

本书将连云栈定为北自故道上的凤州始，南达姜窝子，即与褒斜道相接处止。其北段与故道重叠部分，列入故道论述。南段与褒斜道重叠部分，依旧列入褒斜道论述。

明人杨廷宣有《连云栈赋》，对当时这条栈道进行了艺术描述："连秦带蜀方五百里兮……盘七曲而肠回兮，眴高目之瞵矇。瞰龙江之崒崒兮，泻白练之霓虹。……迤渡木阁，驰青桥，涉凌兢而惘俩兮，列御风而凭空；侧身穿而撇捷兮，足秦法之重重。巉飞栋巇巉崓兮，矻浮柱而增崇。截王孙之便给兮，碥碨碥而青葱。霭云楼与雾厴兮，比朝暮之仙踪。"②说其险峻处"骑不得方，人不得比"③。

凤岭之南的心红峡，道中有摩崖石刻多处，如"大手笔""长虹饮涧""幽丽奇处"等。峡南一路青松翠柏，流泉飞沫，风光可人，多明清题刻，中有"云栈第一佳处""千流飞雪，万叠堆青"等。

连云栈道沿途充满了迷人的风光，分布有众多历史古迹，保留着神奇的故事传说。行于其道，如同欣赏一部丰富的历史风情画卷，细细品读，兴味无穷。游客们在游历连云栈之时，也激发了创作之情，给后人留下一部又一部精美的诗文游记。

下文仅按入蜀方向，记述凤州至褒斜道上武关驿之间的道路。

---

① 毕沅：《关中胜迹图志》卷二十二，四库本，第11—12页。
② 《历代赋汇补遗》卷三，四库本。
③ 《历代赋汇补遗》卷三，四库本。

连云栈道线路图

凤州—凤岭—新红铺—三岔—废丘—南星—古陈仓道—松林驿—柴关岭—庙台子—留坝—画眉关—青羊铺—姜窝子—武关驿。

回车古道之谜

连云道是连接故道与褒斜两大要道的一条间道,按常理分析,其成为大道,当在此两道之后。这条道路形成的历史,颇受后人重视。但它的历史,并不是很清楚。许多人认为,北魏正始四年(507),贾三德开自回车至谷口三百余里道路,就是连云道。

此说法亦值得商榷。

《石门铭》中有关开回车道的拓本

《元和郡县图志》曰："回车戍，在（梁泉）县西北六十里。梁太清五年，西魏遣雍州刺史达奚武为大都督及行台杨宽，率众七万，由陈仓路取回车戍入斜峪关，出白马道，谓此也。"①梁泉即今凤州。

《周书·文帝下》：大统十七年（551）冬十月，太祖遣"大将军达奚武出散关，伐南郑。……夏四月，达奚武围南郑，月余，梁州刺史、宜丰侯萧循以州降。武执循还长安"。

达奚武七万大军所行的这条道路，应当是由今凤州沿安河东行，经两河平木靖口而入褒斜道的一条道路。那么这条行经回车戍接褒斜道的古道，可能就是回车道。回车道就是故道连通褒斜道的一条支线，回车戍当处于回车道中。

《元和郡县图志》在此所说的陈仓路，当指陈仓道，即故道。故道北起陈仓，亦名陈仓道，梁泉即处于其道路之上。文中梁泉"西北六十里"，疑当为"东北六十里"，因斜谷道在梁泉之东，自梁泉向斜谷当向东行。所以，回车戍在梁泉东六十里，其地大致应在今核桃坝一带。

回车道应当出现比较早。凤州之所以能建城于安河口，原因之一就是地处两条道路交会点。凤州为秦汉古城，戍也是秦汉时的军事据点名称，由此观之，这条回车道怕也不会晚于汉。故道是通蜀大道，如从故道入汉中，则比较困难。从凤州走回车道，至核桃坝沿褒河支流南下至江口入褒斜道，亦不失为一条便道。

北魏正始三年（506），梁、秦二州刺史羊祉出镇汉中，时汉中新归于魏，因道路转输困难，羊祉奏请于回车之南，开创旧道。次年十月，"诏遣左校令贾三德领徒一万人，石师百人，共成其事"。这次工程"起（正始）四年十月十日，讫永平二年正月毕功。阁广四丈，路广六丈，皆填溪栈壑，砰险梁危，自迴车至谷口三百余里，连辀骈辔而进，往昔所不工，前贤所辍思，莫不夷通焉"。工程对褒斜道南段也进行了扩建。

---

① 李吉甫：《元和郡县图志》卷二十二"梁泉县"下，中华书局2005年版，第568页。

从回车之南，则可从褒河的支流西河径直南下，到达褒城。所以，回车道应当是指的凤州—核桃坝—江口—褒城一线。这条道路，南北正直，也在三百里上下，与古人记载相合。所以，回车道与后来的连云道并不是一回事。

英雄神仙张良庙

留坝留侯祠

汉初刘邦得了天下后，立即开始实行"狡兔死，走狗烹；敌国灭，谋臣亡"的政策，把那些具有军事政治才能，可能会危及自己统治的人才一一除去。被后世称为汉三杰之一的张良，是汉军灭秦平楚的主要谋划者和参与者，目睹这种局面，便主动退出朝政，入山辟谷求道。连云栈道中，峰峦聚汇的秦岭深处，现存一座幽静的庙宇留侯祠，相传就是张良隐居辟谷处。

留侯祠因张良被封为留侯而得名，民间俗称张良庙。这是一处自然山川风光和人工园林建筑相结合的古代祠庙建筑，景色绝佳，号称"陕南第一名胜"。祠庙位于留坝县城北十五公里庙台子，门前是沟通秦蜀的连云古道，车水马龙，行人不绝。其地处于层峦叠翠的紫柏山麓，左右二水交汇，松柏参天，泉溪淙淙，殿宇楼阁，隐约松云之间，有若仙境。当地民谣曰："柴关岭雾气腾腾，张良庙赛过北京。"车至庙前，云雾迷蒙中可见高入云端的授书楼侧影，行人至此，多数都要驻足一游。

张良庙依山傍水，共有九院一百五十六间房舍，碑刻、摩崖、牌匾、楹联二百余件点缀其中。门楼前立一古碑，上大书"汉张留侯辟谷处"七个大字；门侧一联内容为"博浪一声震天地，圮桥三进升云霞"。

这是说张良年轻时的两件大事：一是在博浪沙谋刺秦始皇的惊天动地之事，一是说其年轻时求师在圮桥进靴的故事。入门即是一座带廊木桥，上题"进履桥"，就是纪念张良进靴事而建的。桥后为大山门，入门为三清殿院，院中有重檐八角的王灵官殿，灵官殿左右是钟鼓楼，院内还有东华殿、十方堂、云水堂等。正殿三清殿后为二山门，内又有拜殿和大殿，可分为前后两院。院中建筑雕梁画栋，顶有歇山、硬山、卷棚等不同风格，错落起伏，气势轩昂。殿下檐间明清以来名人匾联密布，内容有诸如"帝王之师""智勇深沉""功成身退"等颂扬张良的评语。在这些匾联题记中，以冯玉祥所题一联常常为人传诵，其联曰："豪杰今安在，看青山不老，紫柏长存，想那志士名臣，千载空余凭吊处。神仙古来稀，设黄石重逢，赤松再遇，得此洞天福地，一生愿作逍遥游。"

院右侧是北花园。四周为亭廊厅阁环绕，中有小池假山、石径花坛，生长有紫柏长松、翠竹、鲜花，池水清澈，中有游鱼。院西南角为拜石亭，取张良拜黄石公为师之意。拜石亭左侧有一四方亭，名曰"回云亭"。拜石亭内石桌石凳洁净无尘，可供游者小憩，亭前立一碑，上刻"英雄神仙"四个大字。

张良为世人景仰，在于他有超越常人的胆略和智慧。他敢于行刺护卫极为森严的秦始皇；他被称为汉初三杰，为汉王运筹帷幄，决胜千里，取得天下。这些功绩无人可比，不可不谓之英雄。在助汉得天下之后，众人都以功自居，争权夺利。张良却能冷静看穿局势，功成身退，入山修行。不仅躲过了汉初对功臣诛杀之祸，而且保全名节，悠然自得。他这些超凡脱俗之举，也深为后人称道，说他超然物外，有神仙之风。中国数千年历史上，号为英雄者众矣，行如神仙者众矣，一人而能同时兼而有英雄、神仙之称者，举世罕有，惟张良能之。所以这"英雄神仙"四字，配以张良，实在恰当之极，贴切之极。

当社会需要自己之时，当进则进，当出手时则出手，敢以身家性命相搏；当社会不需要自己时，当退则退，退隐深山，富贵于我若浮云。面对这样一人，你难道能讥笑他是不计后果，只逞匹夫之勇的莽汉？你难道能指责他是避祸畏死，逃避现实的滑头？环顾左右，畏死贪生者有之，看一看现实，贪恋富贵者有之，能做到张良这般的又有几人？我们只能感叹的是，他那为天下除暴的大智大勇；只能赞颂的是，他那常人不可企及的襟怀。

张良庙内不惟蕴含有丰富历史，其自然景色、人造园林也臻上乘。

从大殿左侧过方丈院可达南花园。园心一泓碧水，芙蓉满池，池中一岛，上建小亭，池岸山石旁有一亭亭如盖的梭椤树，池周为房廊回绕，有五云楼。从楼后可以沿竹林石径登山，过草亭、云梯可登上一小山峰顶的授书楼。楼上凭栏远眺，只见群峰环抱，紫柏入云，松涛泉声，楼阁参差，有如仙境。

授书楼是张良庙的最高点，在游览诸景点之后，游人至此，对张良的生平也有了全面的了解，登高望远，不仅领略到山川之美，同时胸襟大开，思接千古，推人及己，对人生也会有新的感悟。或生出奋发上进之英气，或感于对名利之淡漠，对这一代豪杰，更加生发出由衷的佩服。

张良庙布局不拘于成法，利用地形变化，顺势安排庭院，殿宇错落有致，使人造景观与自然环境融为一体，形成楼外山青、庭中泉流的奇景。此外，祠庙内外匾额、摩崖等文字内容也装点得当，为优美的景色注入了丰富的历史文化内蕴，游人在山光水色中感受到的不仅仅是心旷神怡，面对一处处诗词名言，驻足沉思之际，也能领悟到一些人生哲理。

作为道中名胜，留侯祠长年游人不绝。清末日本人竹添进一郎经此，也慕名往游。他在《栈云峡雨日记》中说："下坂十里，抵紫柏山。有留侯祠，相传侯辟谷处。山邃水汇，气象深奥。庭中种芍药及他草卉，白葩红萼，鲜妍可爱。道士延升堂,具茗飧。堂后磴道盘曲,琢白石为栏,以达于巅。巅有楼,安侯受书像,曰'授书楼'。松竹交青,净不可唾。低徊之间,尘情顿消,真清修佳境也。"①

　　有人考证,张良所封留侯之地,并非此地。然而,庙宇只是一个历史文化的载体,留坝张良庙,假借山水形胜、殿宇亭廊、碑匾楹联、花木池苑,展示了张良大智大勇的生平事迹,体现了中国传统文化中功成身退这一特殊精神。这一点,就让它在所有的张良祠庙中高居上流,难以比附。由此方知,庙宇不在宏大,地点不在真实,以得神韵者为上。有道者不争,争又何益?

留侯祠前古道上的过街楼

---

① 竹添进一郎:《栈云峡雨日记》,中华书局2007年版,第44页。

连云栈中的紫柏山古道

  出得庙门,清风拂面,我们隐隐体悟到一个字,那就是"深"。这里山深,景深,史深,道深。游览此地,如同受到四周山川点化,经历一番精神洗礼,出门之我与进门之我,已然不同。

第四章 金牛道

金牛道亦名石牛道，传说战国时期蜀王为迎接秦王赠送的金牛，命五丁力士开辟了此道。金牛道的起点和终点，说法很不一致。顾祖禹《读史方舆纪要》中曰："金牛道，自沔县而西南至四川剑州属保宁府之大剑关口，皆谓之金牛道，即秦惠王入蜀之路也。"甚至有将褒斜道也列入石牛道者，《元和郡县图志》即曰："褒斜道，一名石牛道。"[1]

金牛道开辟时，故道与褒斜道皆开通已久。金牛道既然是新开道路，其主要路段，就应当不在上述二道之中，它应当是连接褒斜道与故道间一条新的大路。所以，本书折中诸说，结合秦栈、蜀栈之分，将金牛道之北端定在汉中褒城，南端定在剑门关。其南段线路在朝天即与故道合并，故本书只从褒城叙述至朝天而止。

金牛道的北段处于汉江北岸，实为沿汉江横穿陕南的一段大道。其中东部汉中盆地间的道路，处于川道沃野，平坦易行，南北山区栈道与之无法相比。陆游从万山群峰间盘旋出来，进入汉中盆地，映入眼中的是"如绳大路东西出，……杨柳夹道车声高"[2]，说的就是这段道路。

从地质上看，自褒城、勉县、新铺、大安、烈金坝、阳平关至燕子砭诸地，

---

[1] 李吉甫：《元和郡县图志》卷二十二"褒城县"下，中华书局2005年版，第559页。
[2] 陆游：《山南行》，四库本。

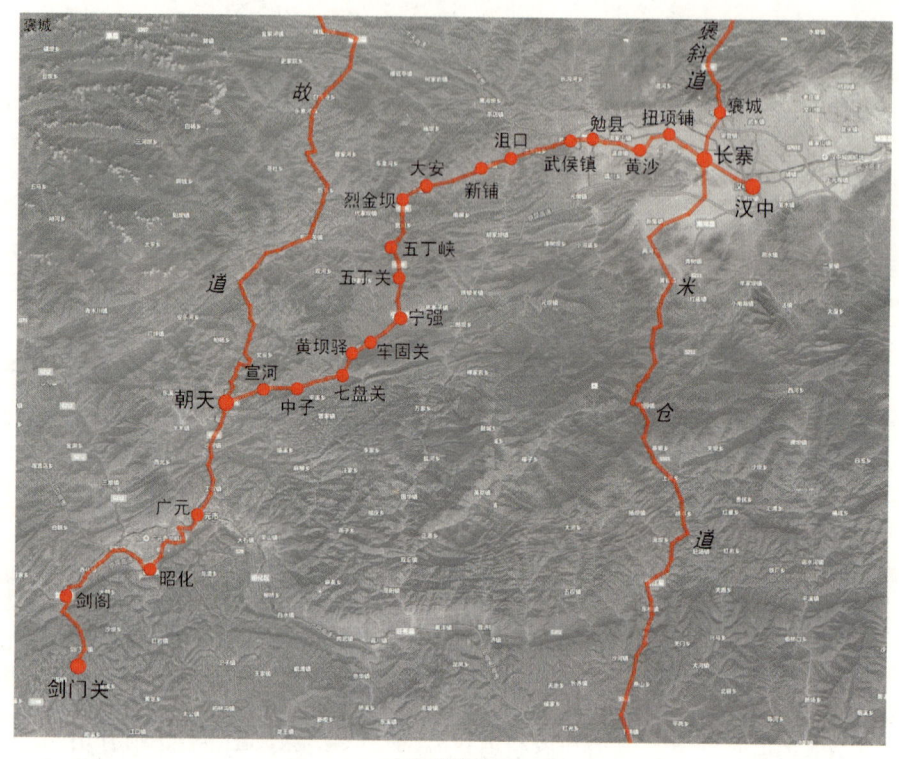

金牛道线路图

皆处于群山中一条大地槽中。金牛道北段即取道这条易于通行的谷槽,至大安西侧的烈金坝,方离开这道谷槽,南越五丁峡而去。

金牛道在蜀道中以险要知名,其最险地段在陕西大安至四川广元间,这一路关山重重,峡谷深险,行道艰难。安史之乱爆发后,唐玄宗匆忙逃往蜀中,行经此道,颇为狼狈。虽在逃亡中,因道路过险,大臣甚至要求停驾一日。[①]

唐宋以来,经过广为宣传,金牛道已经成为一条山水画廊行旅诗路,许多文人都恨不能一游。游历过此道者,也大多要吟诗赋文,记其感受。

---

① 《陕西通志》卷八十七所收《李采访请驾停金牛一日表》,四库本,第15页。

中国的上古时期，和西方一样，都有一个辉煌的神话时代。当时产生的诸如女娲造人、炼石补天、羿射九日、嫦娥奔月、牛郎织女、愚公移山、禹治洪水、巨灵劈山、羲和驭日、精卫填海等故事，无不恢宏壮丽，显示出华夏民族伟大的创造精神和丰富想象力。但到后来，这种神话的生发就渐渐稀少，终于消失了，那一充满浪漫进取精神的时代，也距离我们越来越遥远。许多神话只能躲在星辰之名称之中神秘地闪烁，或者夹在古书之间，仅存于断章残简之中。而金牛道上保存下来的五丁开山故事，在某种意义上，可以说是这一神话时代的最后一抹辉煌。

金牛道之线路，北自汉中的褒城始。自褒城南行十余里至长寨，再沿汉水北岸西行，经扭项铺、黄沙、旧州铺、勉县、武侯镇、沮口、青羊驿、大安、烈金坝（金牛驿），再南下沿宽川河，越五丁峡、滴水铺至宁强。自宁强西南行，经牢固关（百牢关）、黄坝驿、棋盘关（七盘关），转斗铺、神宣驿至朝天驿。由朝天驿接入故道。

自朝天沿嘉陵江东岸南下，经明月峡、飞仙阁、千佛崖、广元、昭化而达于剑门，此段道路传统上也被认为是金牛道。

沔阳武侯祠

汉中盆地处于秦岭、巴山间的汉江上游，稻田万顷，烟村点点，自古以来就是陕西的鱼米之乡。在这一片青山绿水间，秦巴古道旁，还点缀有许多名胜古迹，像诸葛亮的墓地和祠庙，这两处地点，都是自古至今游人不绝的佳境。它们不仅仅是单纯的祠庙坟墓，具有丰富的历史内涵，同时也将山水园林文化融入其中，这里的建筑与园林，受到南北文化的双重熏陶，所以别具特色。

武侯祠是祭祀和纪念三国时代政治家、军事家诸葛亮的祠庙，位于勉县城西的川陕公路南侧，汉江的北岸，西南隔汉江距武侯墓十余里。祠庙始建于三国时代，今存者为明清建筑群。旧祠院南北长约二百米，东西宽约一百二十米，平面呈长方形，周有围墙，旧时号称庙基三十亩，共有七院五十四间房舍。亭台楼阁遍布祠中，是陕南一处著名的游览胜地。

祠前有门楼，额题"武侯祠"，入祠即为乐楼。乐楼俗称戏楼，是旧时祭神演戏的地方。武侯祠是一处坐南面北的建筑群，中轴线上的建筑，除乐楼面南外，全部面北。这主要是讲究戏是演给对面的神看的，人只不过是借神灵的光看戏而已。乐楼台基较高，出檐上翘，呈现出南方古建的轻灵风格。乐楼前是一处宽平的广场，今为一块芳草如茵的绿地。

乐楼的南面立一座四柱三间八角起翘的华美牌坊，高十米，背面题"天下第一流"，游人至此，不由肃然起敬。再南是下有过洞上建小殿的琴台，和大殿后立的诸葛亮《琴吟自叙》石碑相呼应。台上殿内存有石制古琴一张，长一百一十五厘米，头宽二十四厘米，尾宽二十厘米，上刻"章武元年（221）"字样，这是纪念诸葛亮空城弹琴退敌的故事。琴台两侧有钟鼓楼，再南为戟门，保存着许多古代建筑中已经很难见到的长枪、大戟等戟门仪仗。戟门内有东西庑，存有许多碑石，其中有珍贵的唐碑一通。正南即为献殿，献殿后是大殿，这是祠内的中心建筑，大殿内有诸葛亮纶巾羽扇泥塑坐像一尊。二殿内遍悬历代名人书写的匾、联，书法精美，内容也十分耐人品味，有"高山流水""大器无方""天下奇才""其犹龙乎"等。

殿后有望江亭，高耸于祠东南角，亭下倚栏可眺望如画一般的汉江和定军山。

祠内分布着多种树木和花草，大叶芭蕉和青翠的竹子给这处建筑抹上了些许江南色彩。祠中生长古柏十八株，直径都在一米左右，高大繁茂，郁郁葱葱，显示出祠庙的古老。鼓楼东院有旱莲一株，高约十米，树径约四十厘米，为稀有的木本植物，春初开花，类似莲花，色香绝佳，届时远近赶来欣赏者络绎不绝。

汉江南岸的定军山下则是诸葛亮的墓地，与祠隔江遥望。

武侯祠门前，即为古金牛道，祠旁即武侯镇。清代勉县就设于武侯镇，民国时期，始迁县城于今址。清人陶澍于嘉庆十五年（1810）经其地，在

汉中地方的戏楼，兼有南北特色

日记中记道："武侯祠堂在大路南，松柏蔚然……西行里许，宿沔县。"故当地人多称武侯镇为老城，老城之西，尚可见一段斑驳的古城墙。

此地在历史上大大有名，即古时的西县，因西北有白马河于此注入汉江，故亦名白马城。白马河在《水经注》中被称为"度水"。

武侯镇西两山夹峙，为一道峡谷，汉水从中流出，由此进入汉中盆地。古于此设西县，西县正扼汉中盆地西侧山口，为汉中入蜀要隘，所谓锁钥咽喉之地。这一地点东通褒城汉中，西达宁强入蜀之地，西北可通略阳，西南越定军山有小道，曰容裘谷，其南有石顶关，可通巴蜀。西县形势四通，其在汉中地位与陈仓在关中地理位置相当，故历来为军事家所看重。隋时曾于山口上游设白马关，此地亦设过白马驿。《元和郡县图志》"西县"下曰："百牢关，在县西南三十步，隋置白马关，后以黎阳有白马关，改名百牢关。自京师趣剑南，达淮左，皆由此也。"[1]或曰此即古阳平关。

---

[1] 李吉甫：《元和郡县图志》卷二十二，中华书局1983年版，第561页。

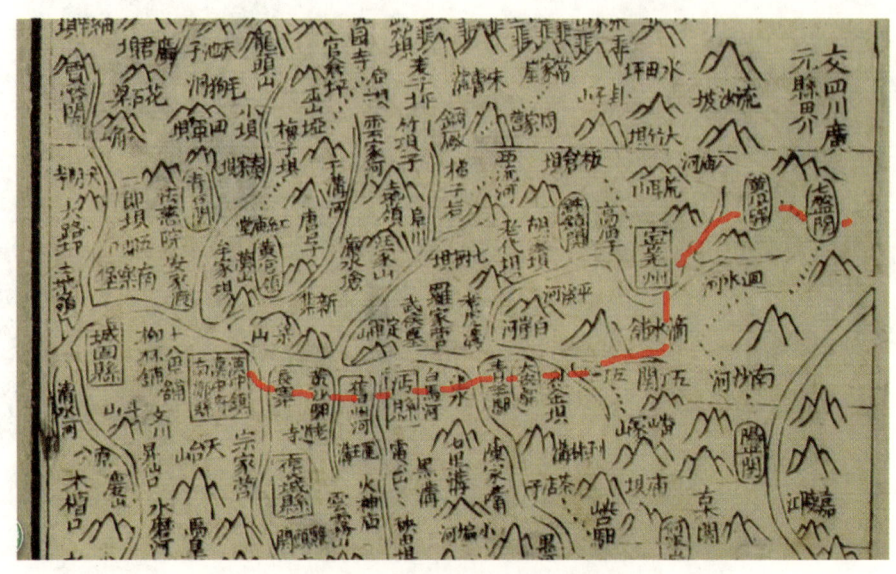

《三省边防备览》中的金牛道东段线路图

此地历史上发生过不少大战。《三国志·武帝纪》：建安二十年（215），曹操征汉中，"三月，公西征张鲁……秋七月，公至阳平。张鲁使弟卫与将杨昂等据阳平关，横山筑城十余里，攻之不能拔"①。后曹军假装退兵，守将放松警惕，曹军突然反袭，大破之，遂入南郑，平定汉中与巴地。"十一月，鲁自巴中将其余部降"。

三国时，诸葛亮对西县军事位置极为重视，数次驻军于此。《三国志》："（建兴）五年春，丞相亮出屯汉中，营沔北阳平、石马。"② 传说孔明曾于其地操演八阵，这一八阵，处于定军山下江滩，亦列石为阵，与奉节的八阵图齐名。《元和郡县图志》"西县"下曰："八阵图，在县东南十里。诸葛亮叠细石为图。"③ 诸葛亮死后，复葬于江南，隔江与西县老城遥遥相望。《元和郡县图志》"西县"下曰："诸葛亮墓，在县东南八里。"④ 纪念

---

① 《三国志·武帝纪》，中华书局本，第45页。
② 《三国志·后主传》，中华书局本，第895页。
③ 李吉甫：《元和郡县图志》卷二十二，中华书局1983年版，第561页。
④ 李吉甫：《元和郡县图志》卷二十二，中华书局1983年版，第561页。

诸葛亮的武侯祠，则建于汉江之北岸，与蜀将马超之墓相距不远。传说诸葛亮弹琴退敌的《空城计》故事便发生于此地。今武侯祠中尚存有琴台建筑，上置石琴一张，即演绎这一历史故事。

唐天复二年（902）王宗播进攻兴元府，破金牛、黑水、西县、褒城四寨，西县为其一。《宋史·吴玠传》：金军挥师南下，宋军于饶风岭防御失守，金人自东方攻入汉中盆地。因盆地无险可守，"玠退保西县"，即恃白马关防御。

后元兵南下，宋军再守此地。《宋史·曹友闻传》："北兵破沔州，捣大安，友闻遣摧锋军统制王资、踏白军统制白再兴速趋鸡冠隘，左军统制王进据阳平关。友闻登溪岭，手执五方旗，指麾甫毕，兵数万突至阳平关，遂遣进及游奕部将王刚出战，又亲帅帐兵及背嵬军突出阵前，左右驰射，兵退。"

今日天下太平，人们大多忘记了那些杀气冲天的残酷战争。武侯祠内，碧草如茵，旱莲花盛，碑石众多，文气郁郁，这里成了人们休闲度假、观光旅游的佳地。

定军山

勉县地处汉中盆地西端，也是金牛古道上重要的军事重镇。我至勉县时，适天朗气清，远山如画，遂访定军之山，拜谒孔明之墓。

孔明大名垂宇宙，这是杜甫说的，所以他的墓地，瞻仰的人很多。墓地处在汉江南岸，行之必先过汉江。汉江古亦称沔水，处在江水北岸的勉县因之得名，勉县原写作沔县，后人无知加之要对文字革命，硬是改作今名。这一改，改得不伦不类，将地名中的历史信息改得空空荡荡。

渡过沔水，江中水量不大，河中尽是人工采掘沙石之坑，古人所谓江滩旧有沔阳八阵之图者，想必早已被掘得形影全无。亦有传说沔阳八阵图不在江滩，而在武侯墓东二里，曰高平旧垒。但其地现耸立一大型钢铁厂，访当地人，皆曰不知。钢厂黄烟滚滚，非常刺目，与汉江南岸优美的山水景观颇不相称。八阵图传说是孔明在此操演军阵时摆列的石阵，二百五十有六垒，分天、地、风、云、龙、虎、鸟、蛇八种阵形，很是有名。四川奉节鱼复也有一处，我曾至江滩踏勘过，后来也被三峡库区淹没。奉节八阵被淹没，勉县这一处就成了罕见的历史遗存，更加珍贵，若开发旅游，与武侯墓相连，收益必然不小。相比起来，掘沙石建工厂时，应注意避开历史文物，而八阵图寻之不得，令人惆怅。

　　再向前行，就是有名的定军山了。定军山是一带岗峦起伏的小山，这

定军山下武侯墓旁双桂相护

里山环水抱，古木荫翳，风光明丽，号称陕南天然公园，武侯墓和寝庙就掩映在这样的山林中。墓外围有垣墙，庙门北向，据说是取北望中原之义，墓前有殿，内中也供奉诸葛像，一年四季香火不绝。墓为土冢，高约六米，诸葛亮死前曾有遗言，不许厚葬，所以墓地简朴，也含有其一生所遵"淡

泊明志"之意。但是这里环境高雅,庙内外是一片千年以上的高大古柏,墓后则生长两株浓荫如盖的古桂树,号"双桂护墓"。这里的古牌匾、楹联很多,文辞苍劲,含意深远,常有人驻足品赏,如:"水咽波声,一江天汉英雄泪;山无樵采,十里定军草木香。"又如:"铜雀台荒,七十二疑冢安在;定军山古,百千载血祀常新。"表达出后人对这位历史人物的高度评价。

定军山墓地为诸葛亮亲自选择。历史记载,诸葛亮遗命葬此,"因山为坟","敛以时服"。不知卧龙先生何以于千山万水中,独独选中此地为冢。孔明一生,早年卧南阳,吟梁甫,摇羽扇,说三分,后来南征孟获,北出祁山,一生所经州郡千百,山水无数,以其过人之智与广博阅历,对于自己的墓地,想来必择一好风水。

然土人传说,抬棺时绳索至此磨断,众依孔明之遗言,遂定其处为墓地。

此说虽令人生疑,但也很有意思。因古来汉中入蜀之道,多行于汉江之北,其道经勉县、青羊驿至大安,方才南渡汉江入于宁强,然后入蜀。此墓却在勉县汉江之南,古人抬棺,不行江北大道,如何抬至江南此处?然察今之江南墓旁,亦有一古道,即自勉县过江,南经元坝,向西南至胡家坝、铁锁关,达宁强,再由宁强入嘉陵蜀道。今高速公路,正自汉中达元坝,行于此线。

定军山旁这条道路,查文献,古时即有,名容裘谷。孔明死后,灵柩也可能选择此线而行。

由这一条古道到达宁强,避过了正道上白马关、五丁关之险,且颇为平易。这条道路,古人很可能早就发现,其路上有铁锁关名即为一证。所以这条道路,可以说是古时自蜀入汉,可以避开五丁关、白马关两大雄关的一条间道,在军事上非常重要。蜀军如果进攻汉中,也可以由此道神不知鬼不觉地迅速穿插出现在敌后。当然,由此道突然撤退也会出人意料。汉建安二十三年(218),刘备攻取汉中,与魏将夏侯渊相拒于阳平关,此阳平关即勉县城西的白马关。后蜀军自阳平南渡沔水,于定军山前为营阵。

魏军渡水南攻，蜀军黄忠乘高下击，斩夏侯渊。宋绍兴三年（1133），金兵攻陷洋州，西进汉中，宋将刘子羽亦退守定军山。这说明其地进可攻退可守，军事家对这一通道都高度重视。孔明之墓茔选择在这一地方，也许含有另外的深意。

游览期间，视孔明之墓，发现其仅为一小丘，墓后左右各有一株老桂掩之。《水经注·沔水》说诸葛亮墓葬"因即地势，不起坟垄，惟深松茂柏，攒蔚川阜，莫知墓茔所在"。郦道元之后，亦有人认为此处为诸葛亮衣冠之冢，真墓另有隐秘之地，不知所在。这么说来，此墓未必为真孔明墓，此又一疑也。

说孔明墓为疑冢，也不完全是无端猜测，因汉末之乱时，许多陵墓都被盗掘。故三国时，人们选墓地，亦多惴惴，担心被盗。曹操墓传说有七十二疑冢，就是当时这种心理的表现。如果此地果为孔明之衣冠冢，则说明孔明死后也会搞空城计，其真墓也许另有其地。

四下游之，忽见墓地之东稍远之地，有一小山丘，独立而圆，状如馒头，形态甚奇。询之当地人，称其为圆山。细看其丘，大山在后，沔水在前，背山面水，正是古人所说的佳城。此时心中突然念头一闪，这是不是孔明真正的墓地？

如果定军山墓是衣冠冢，那么，这座暗合上乘风水的圆山，就有着莫大的"嫌疑"。可以想象，古人如果在石山上动过工程，即便消灭踪迹，以现代考古技术而言，也当有蛛丝马迹可寻。

然其时甚忙，自己思量待有机会再来考察，于是回归。时间一长，却将此事淡忘了。

过得多年，再次访问勉县，至武侯墓，不禁想起往事。但见其东诸山，皆炮声隆隆，硝烟弥漫，遭遇采石，诸山斑斑，残破如秃。其中的小圆山，经过开山取石，当初圆圆的"馒头"早已被蚕食过半了。也不知其中有无发现什么痕迹，究竟有无暗藏的墓地。

如今的工程，为了省事，又唯恐文物部门干预，往往借口其处不是文物保护单位，不让考古部门先行探测，便自行大掘。即便施工中发现有什么东西，也秘而不宣。面对圆山此景，真真无可奈何，于是长叹而归。

看来，考古工作者真应当先找有价值的工作做，机不可失，时不我待，这一经验，对于古道和相关遗迹也同样适用。

五丁开山话金牛

说起金牛道，那是很富于传奇性的一条古道。关于它的故事，如同神话般的悲壮，有着戏剧般的曲折，极具魅力。

战国时期，秦人凭据关中而称雄于七国，在战国七雄中号为虎狼之国。秦国以耕战为国策，足兵足食，作战以取人首级为战功，凶狠嗜杀，所以东方六国提起秦兵人人畏惧。

而此时的蜀国，也独大于四川盆地，蜀国占据西川，地平土肥，物产丰富，犹如天府。蜀王颇为自大，常常欺辱它的邻居巴国，对于周边的小国，那就根本不配用眼角夹，甚至对秦国也没太放在眼里。因为当时的汉中盆地也是蜀国的领土，蜀国面积广大。此时的蜀与强秦，只不过隔一秦岭，以山为界。

就在此时，秦国一位新的国君即位，这位君主，便是年轻而雄心勃勃的秦惠文王。

传说秦惠文王深入南山打猎，不想在褒谷中遥遥望见旌旗飘拂，出现大队人马。原来蜀王也北上此地打猎，两王相会，各施以礼。秦惠文王即位之初，蜀王曾入秦朝贺，此番深山中意外相逢，秦惠王便以金一笥送与蜀王，以表友好。蜀王也很客气，回报秦王以珍玩之物。秦惠文王回至宫中，与君臣说及此事，并拿出蜀王礼物展示，谁知打开宝匣众人欣赏时，发现里面并非什么宝物，只不过是一堆泥土。君臣愕然，不知是什么原因。这让惠王很是难堪，怀疑蜀王有意戏弄自己，当下勃然大怒。见秦惠文王下不了台，立即有人打圆场，说道：请大王息怒，此乃好事，祥瑞之兆，物化为土，实系天意，表示蜀王献土地于我秦国，大王将会得到蜀国的国土。

这一说，群臣皆上前祝贺，惠王大喜。

于是，秦国生出了灭蜀之想法。以秦军之实力，灭蜀并非什么特别难事，但崇山峻岭横亘于中，险道千里，辎重难继，却是伐蜀必先解决之大问题。于是秦王命人造石牛五头，每天早晨，那牛尾之后便会拉出一堆黄金，号称"牛便金"，专门有百人伺候石牛。秦召集蜀国等使臣宾客，炫耀此牛。那蜀王有些贪心，听到这一消息，既好奇又羡慕，便派使者入秦，表示想要这些金牛。不料秦惠王特别大度，慨然许之。

蜀王大喜，乃遣五丁迎石牛。五丁又号五丁力士，皆力大无穷，号称有移山之力。五丁率领兵士，迎石牛入蜀。那石牛宽大笨重，沿途五丁奋起神力，开山辟路，架桥填谷，终于将石牛运达蜀都。但费尽九牛二虎之力后，蜀王此时才发现，那牛根本就不会拉金子，被秦王骗了。这一次，轮到了蜀王发怒。但此时发怒为时已晚，秦国大军已经尾随五丁之后，循其所开道路攻入蜀地。蜀王仓促迎敌，于葭萌为秦军击败，逃走途中被杀于武阳。这个建国天府，有王十二世的蜀国，就此灭亡。当年蜀王欺秦，贻秦以土金，秦王报复，哄蜀以金牛。蜀王戏秦而遭亡国之灾，为天下所笑。

秦军灭蜀后，乘机又灭了其旁的苴国与巴国，占领了四川全境。

从此，这条入蜀的古道，便被后人称为金牛道或者石牛道。在宁强县城之北的古道上，至今还保存有五丁山、五丁关、五丁峡的地名，五丁峡亦名金牛峡，古道上的大安则有金牛县之名。

五丁开山的故事，古代就有许多版本，有些神话色彩很浓。李白在《蜀道难》中所说"天崩地摧壮士死，然后天梯石栈方勾连"也是说的这一故事，李白听到的故事，似乎五丁都悲壮地死于天崩地摧的开山之时。

五丁开山在中国古代神话中是一个山崩地裂、气壮山河的故事，金牛道传说，也给这条古老的秦蜀通道笼罩上了一层神秘的历史光晕。《十道志》甚至称南郑的旱山下，还遗有秦人所造以欺骗蜀国的石牛[①]。在后人看来，

[①]《元丰九域志》卷八，中华书局1984年版。

五丁峡古道

五丁开山形成金牛古道的传说,这应当是战国时期扩修秦蜀道路的一次间接反映。

古人在军事政治谋略上,有资敌与因敌之技。资敌就是给敌人干好事,因敌则是让敌人为自己干好事,所以,精明的政治军事家,都尽量因敌而为。如韩王畏惧秦国,让工程间谍郑国为秦建郑国渠,以削弱秦的经济实力。秦人发现这一阴谋后,非但不停工,不杀郑国,反而让他加快修建郑国渠。

渠成之后，使得秦国实力大增，反而加速了韩国的灭亡。秦人智慧地处理郑国渠事件，如运太极之拳，借力打力，是中国历史上一起因敌制胜的经典范例。同样，这里的石牛道是一起更早发生的经典，秦与蜀国的交往中，利诱对方上了当。而蜀王派遣五丁修路，实是一种资敌自残行为。国君如此的昏庸贪婪，这样的国家，也只有让人灭了。

秦伐蜀，如果辎重军需设置于关中，则距蜀过远，有鞭长莫及之弊，而置于汉中是比较理想的。因此，寻找汉中通往蜀中大道的需求，促使了金牛道的产生。

七盘关

沿古金牛道南行，须越七盘关。这一路名胜亦多，我虽多次经过，却很少下车深入游览，故常作纸上游。

其地有七盘岭，自古为秦蜀交界处，古人借其险峻置关，曰七盘关。七盘岭之得名，大约由其道路盘曲而得。《使蜀日记》曰："七盘岭，岭最高陡，凡七折，四面危峰峭石，下视皆百尺深涧，人伛而行，前后顶趾相触。"[1]

不知为何，后人大书其地为"棋盘关"，这有点像小饭馆将"臊子面"写成"嫂子面"，褒斜道上的褒姒铺，也有人写为"包子铺"。莫说古道路途寂寞，有些地名亦可以作为谈资，令人不倦。

七盘岭有关沟，系嘉陵江支流文家河上游的一条大沟，为秦蜀之界沟，沟之东为陕西，沟之西属四川。沟口两山夹峙，中窄如峡，古道由峡中穿越。《宁羌州志·关隘》称其关"后倚峻岭，前临深涧"，古七盘关即设于这一带，关沟之名，当由此来。古人自蜀入秦，先入沟上行，然后东越一高岭，再越一小梁，曰闵家梁，下山至黄坝驿。自秦入蜀，则先越闵家梁，再越一高岭，然后下关沟，由沟口出而入于蜀境。所越之高岭，当即大名鼎鼎

---

[1] 方象瑛：《使蜀日记》，《丛书集成续编》第六十五册，上海书店1994年版，第193—207页。

的七盘岭。七盘岭不但是川陕交界处,也是嘉陵江与汉江的分水岭,岭之东,水东流入汉江;水之西,则西流入嘉陵江。此岭颇高,上下盘旋,甚是陡峭,行人至此,常有耳听人语天际、眼见马行云中之感。

不惟路不易行,雨则泥泞。清人陶澍《蜀輶日记》曰:"十七日,晨出黄坝驿,陟闵家坡,上下凡十五里,名为坡,实即岭也。西有深涧,为秦蜀分界处。过涧,登七盘岭,入四川保宁府广元县地。石磴延缘,下临深潭,不可逼视。往时有失足坠者,人马皆化为乌有。杨中丞刻'小心移步'四字于路旁,以儆行旅。"①

群山中的金牛道

————————
① 陶澍:《蜀輶日记》卷上,早稻田大学藏本。

古人于此设关，后依高山，前临深谷，锁钥秦蜀，其险可倚。明末李自成部即越此关而入蜀。

今日则公路改由下部河谷而行，平坦快捷，殊不觉苦。昔日雄关，想来早已残破，荒草丛生了。

龙洞背

行于金牛道，越七盘关向西南，经神宣驿而达于龙洞背。龙洞背为古道上一处罕见的景观，经此者莫不称奇。

此一路所经神宣驿也很有名，神宣驿即古筹笔驿，历代多于此设驿站，地在今广元朝天区境内，今名宣河村，有长街一道，村北临文家河。

《四川通志》说："筹笔驿在（广元）县北九十里，即今神宣驿。诸葛武侯出师，尝驻军筹划于此。"[1]因此，往来诗人出于对诸葛亮的崇敬，多喜于此怀古凭吊。杜牧诗曰："永安宫受诏，筹笔驿沉思。画地乾坤在，濡毫胜负知。"其中以李商隐的"鱼鸟犹疑畏简书，风云常为护储胥"一句，最为后人称道。

古道自神宣驿沿文家河西南行之十里，即至大名鼎鼎的龙洞。

《陕西通志》卷十一曰：龙洞在宁羌州西百五十里。

龙洞之奇，奇在山，奇在水，奇在山水相斗。文家河西流至此，忽有一高大凶险山梁横阻于河谷，竟然逼得河水无路可行。那河水盘旋咆哮，最后硬是将山梁噬开一巨大石洞，奔流而入，然后从山的另一侧冲出。那山则狰狞，水则震怒，洞则阴森，声则如雷，身临其境，令人震撼恐怖。此洞即为龙洞，其长数百米，实为一段伏流河。金牛古道本沿河而行，至龙洞，水怒洞幽，无法前进，只好高攀而上，从洞顶石梁越过，其石梁，即为龙背，亦曰"葱岭"。

---

[1] 《四川通志》卷二十六"古迹"下引，四库本。

从上空俯视龙洞

面对此景,古人莫不惊奇赞叹。清人王渔洋经此,亦为此景倾倒,他在《蜀道驿程记》中写道:"上龙洞背,两山夹峙一山,如狞龙奋脊,横跨两山之间,下有洞,似重城门,可通九轨,水流其中。下视烟雾翁郁,不测寻丈。自是盘折而上,骑龙背行。四望诸山如剑芒戟牙。"①

清人陶澍《蜀輶日记》则曰:"自神宣驿循溪西行,十里至龙洞背。(《三省边防备览》道路考曰十五里)两山忽合而为一,其合处高岩墙立,横向截而过,有如长虹,下岈一洞,门户俨然,溪水奔入其中,雷浪震动,声满四山,伏流数里始出。《禹贡》潜水即此,以其潜伏地中,故以名焉。上有龙头庙,或曰即杜工部诗中之龙门阁也。洞内产石燕,风雨则飞……缘岩直上达山脊,反觉平旷。"②

古人东来,始行于河南,至龙洞无路,以栈道盘山而上,然后由龙洞

---

① 王士祯:《蜀道驿程记》卷上,康熙年版。
② 陶澍:《蜀輶日记》卷上,早稻田大学藏本。

背跨越文家河至北岸，再西下沿河而去。此时看龙洞背，河水从洞下穿过，如巨龙跨谷，又如同一座天生桥，所以，王渔洋说行这一段路是"骑龙背行"。龙背上古时还有建筑，传说洞为神龙所居，故于梁背建龙头庙。奇山奇水间，复有甍宇绀碧，隐显于林木间，其景愈佳。亦有称其庙为"龙门阁""玉皇观"者。明《蜀中广记》："《方舆》云：自（广元）城北至大安军，界管桥栏阁共万五千三百六十一间，惟石栏龙洞二阁著名。"①

自龙洞西南行十多里，便到了嘉陵江边的朝天驿，文家河也由此汇入嘉陵江。自龙洞至朝天，途中旧时还有望云驿，其地大约在今青云村。

往昔之人，徒步骑马，一步步而前，攀岭跨涧，品咏古迹，饱览山河，虽劳苦而亦有其乐。今人乘车，日行千里，途中景色皆风驰电掣而过。如龙洞之壮美，山河之气势，许多经此者都浑然不觉，和古人相比，行路感受已经大不相同。

② 曹学佺：《蜀中广记》卷二十四，四库本，第20页。

第五章 米仓道

米仓道是一条从大巴山中段穿越的古道,因这段巴山又称米仓山,故名米仓道。《读史方舆纪要》曰:"自南郑而南,循山岭达于四川保宁府之巴州,为米仓道。"这条道路宋时则曰大竹路,因行于巴山,又名巴岭路。

米仓道北起汉中盆地的汉中,南达四川盆地的巴州,全长四百六十里,是秦巴山区一条重要的古道。

米仓道之开辟,时代也非常早。距今三千年前,武王伐商时,大军中就有巴蜀之师跟从。《华阳国志》载:"周武王伐纣,实得巴蜀之师,巴师勇锐,歌舞以凌殷

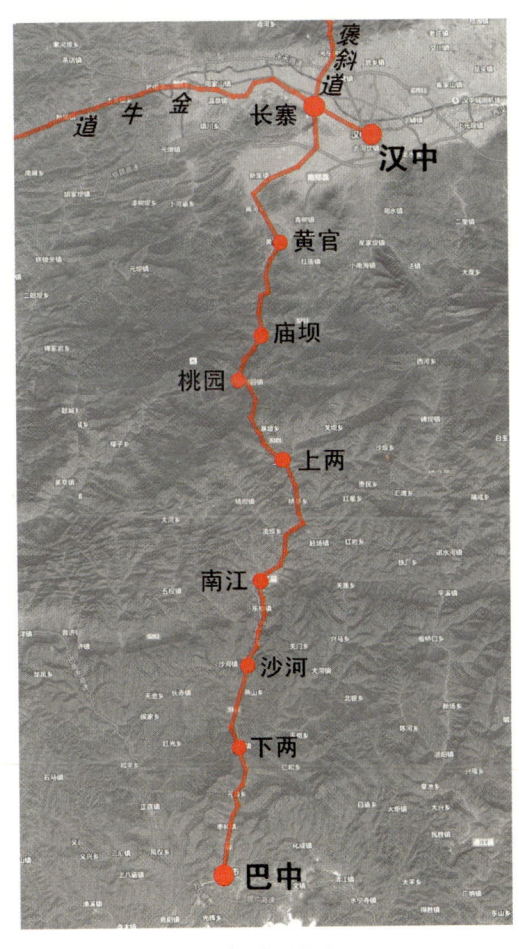

米仓(西)道线路图

人。"巴人作战勇敢,兵锐善舞,冲锋陷阵,不可阻挡。可见,米仓古道在商周时已然通畅。春秋秦穆公时,巴人慑于秦的实力,开始向秦致贡,秦巴之间有了正式交通往来。巴人入贡之道,即后来之米仓道。

其后的秦惠王吞并巴中,始与巴人联姻。巴人君长,世尚秦女,巴与秦成为甥舅之国。

刘邦被封于巴蜀,不入于巴蜀建都而建都于南郑,巴蜀既然为其封地,都南郑而必连接巴蜀。后汉高祖自汉中出师,亦借重巴人之锐卒,定三秦,灭强楚。秦汉时期的巴人分为板盾蛮与南郡蛮几种,皆喜欢傍水而居,板盾蛮在汉时又称为賨民,以每口岁入賨钱四十而得名。《汉书》记刘邦北定三秦时"留萧何收巴蜀租,给军粮食"①,说明汉初汉水流域与巴地间之交通,已可以大规模运输粮食。这些粮食要由巴蜀入汉中,再由汉中转输至关中,其路途可知。大约巴地之粮要越米仓道入汉中,再由汉中经褒斜道入关中。而蜀地之米则由嘉陵江沿故道运入关中。

汉初因战乱天下大饥,汉王朝实行特殊移民政策,向巴蜀移民。这一举措,必有大批难民南下进入蜀汉,巴地自然也有难民进入关中。

汉初展开楚汉之战,为巩固关中形势,巴蜀向关中大规模运输粮食。而到了汉武帝时,情形又一度翻转了过来,为了开辟和巩固南方战场,开始由南阳和汉中向南方调运粮食。这一时期的米仓道,真是一条名副其实的运粮之道。

秦汉之后,由于各地的军事割据,米仓道在军事上的作用日渐显现。张鲁逃巴,张郃攻蜀,皆由米仓道。元军南下攻宋时,米仓山也是攻防要地。

唐《元和郡县图志》曰:汉中"取巴岭路至集州二百八十里"。

米仓道由于大小巴山山高路险,道路不宽,通行能力远不如金牛道。同时,许多地段穿过老林,小径崎岖,时有野兽出没其间,故古人视其为畏途。道中栈道遗址也发现不多,说明古代没有进行过大规模的道路建设。

---

① 《汉书·高帝纪上》,中华书局本,第30页。

长期以来，这条古道主要为商贩背夫行于其间。道路或为雨挡，或为雪阻，不易行走。"君问归期未有期，巴山夜雨涨秋池。"但此道自巴山南的南江县以下，水运条件较好，可以通行船只。

汉中至巴中之米仓道，间道甚多。如北段就有东、中、西三道。下面仅列出米仓中道线路：

汉中（渡汉江）—大河坎—高台—新集—濂水—干坝子—喜神坝—大巴山梁板凳垭—铁炉坝—桃园寺—桃园—麦子坪—小巴山梁龙神殿—上两—桥亭—南江—沙河—下两—巴州。

初访米仓道

2012年3月，春寒料峭，清晨出门，与焦南峰先生、张在明先生会合，乘越野车由西安开至巴中，参加米仓古道的调查。

米仓道是从陕西汉中穿越大巴山，通达四川巴州的一条古道，在历史上亦大有影响。这条道路行经的这段大巴山，别号米仓山，其山高耸入云，形势险峻，中有令人望之畏惧的奇峰孤云、两角。米仓道虽然秦汉时已经开辟，但其路径狭窄，时常荒落，故历史记载颇少，考察者亦不多，这让米仓道与其他古道相比，蒙上了一层特别神秘的外衣。我当年插队于汉中南郑县的巴山北麓，曾与老农入山打柴、赶场买货，也曾听巴山民歌，吃碑坝腊肉，探小南海奇洞，访黎坪仙境，对于大巴山，有一种特别亲切的感情。但当时对于行经的一些古道，除感受到曲折盘旋、风景优美外，并没有历史古道的意识。多年之后，又以研究的角度专门探访米仓古道，重踏巴山古道，那种故地重游的感觉，立即涌上心头。

一路翻越秦岭至汉中，与汉中文管会李烨先生会合，他为当地人，熟悉道路。汉中南去公路即沿米仓古道而行，说要经青树、喜神坝，越米仓山，过桃园后，还要越一座大山。

微雨中，从汉中出发，经青树古镇，进入巴山山麓，沿途青山隐隐，

雪中的巴山米仓古道

烟雨霏霏，梯田民舍，宛如江南。不由想起汉中诗人的那句"巴山风雨来，雨浓山影淡"，真是无比传神。

或说巴山之上从来无雪，谁知入山之后，一过桃园，地高气寒，云雾弥漫，虽时至三月，竟然大雪纷飞。一路上，天空雾腾腾，群山白茫茫，车辆稀少，山回路转，许多山峰在雪花云雾中时隐时现，出没变幻，如同仙山奇境。然而越行越艰，坡陡路弯，积雪深厚，道路结冰，滑溜难行。甚至车轮空转而不前，不得不时时下车推之。开车只敢慢慢前进，车子走起来或摇头摆尾，或失控乱滑，在旁临深涧的山区道路上，险象丛生。我们是乘车穿越，不知那些古代商旅背挑行囊，顶风冒雪，徒步跋涉，行经此地时的感受如何。

如此路途，车如蜗牛，时间过得甚快，我们失去了参加栈道考察启动仪式的机会。

茫茫大山，就我们孤零零一辆车子，几只黑色寒鸦在道旁雪枝上盘旋，呀呀而叫。依稀记得辛词中有"乱鸦毕竟无才思，时将琼瑶蹴下来"的诗句，正合眼前之象。一次推车，用力一蹬，不意足下极滑，立即面孔朝下，滑了一跤，趴在地上，异常狼狈。这一跤跌得甚狠，手掌膝盖生疼，幸而别人未见，乃自嘲系初上巴山，为山神行五体投地之大礼也。想想也觉得好笑，这也是巴山给我们的下马威。此山就是此行所经最高之山。

慢慢行进，看到前途有数辆小车，已停止不前，再前则坡益陡，雪益深，路益滑，行愈艰，欲从停泊车辆旁通过，危险异常，遂亦泊车而不敢行。正为难间，见有人售卖简易防滑链，全车大喜，真及时雨、雪里炭也。防滑链细如铁丝，甚是简陋，然价格颇贵，且一口价。为过山，老焦自掏腰包三百，买得防滑链一副，与无奈的诸车前后相随，小心翼翼越梁。不意越梁后，有两车打滑失控相撞，车辆虽损，幸未伤人。等待二车争吵多时，方得通过。此时云层欲开，天色渐亮，雪路渐薄，山下慢慢有了绿意，车行下山，速度轻快，心情也为之一松。慢慢山间道上已经地暖无雪，一路提心吊胆无暇他顾，此时方开始细细打量山形地貌。亦发觉腹中饥饿，饥肠辘辘，回思晨时一杯豆浆，支撑至此，真奇迹也。至上两镇吃饭，依然寒气逼人，挤于店家身旁向火处取暖。听李所长介绍，其镇实为上两河口镇，两河交汇于此，简称"上两"，下面还有"下两"。

这一路所经青树至桃园间雨蒙蒙的山，是大巴山；而桃园至上两间大雪纷飞之山，则是小巴山。小巴山较之大巴山，反而更高更险，给我留下了深刻的印象。遗憾的是，雨雪霏霏，有名的孤云、两角二峰，竟然未见，也许，它们隐藏在茫茫云雾之中。

入夜，抵灯火辉煌之巴中市，见高大伦院长与首都、四川来的教授及地方领导、专家，互道寒暄，甚是亲切。此役群贤毕至，其间多有名人大家，各怀绝技，是一次学习请教的好机会。至此，深感到此考察机遇之难得。

南江天生桥

行于米仓古道上,奇景甚多,天生桥就是其一。天生桥是神秘的大自然创造的桥,它的出现完全与人类无关。四川省南江县的这处天生桥,亦名天桥,处南江河的西岸,南江至沙河镇的公路边上,距离沙河镇三公里处。桥的四周古柏森森,林木茂密,虽处在公路之旁,汽车行经其地却很难发现,一不小心就开过去了,所以游人罕至。

由公路攀上天生桥,一路石阶,曲折盘旋,却冷冷清清,除了我们,再没有发现一个游人。路间穿过一个棚架,上边吊着几个粉皮老南瓜,南瓜叶多已枯萎,南瓜却饱满沉重,精神异常,想到它蒸熟后的美味,让人很是口馋。这么漂亮的南瓜,吊在路上无人看管,也没有人偷摘,可见其地民风之淳朴。

要是有两张藤椅,一杯清茶,坐于其下,细细品之,其间韵味不知胜过城中茶社几许。

上至高处,才看清这座奇桥是一座未施斧凿、完全天生的石拱桥。桥面平直,宽度可并行车马,而桥下则为一大拱洞,跨度看上去有三十余米,无论从桥面宽度、跨度、拱度与桥厚审视,都

天生桥旁的老南瓜

堪称完美。特别是它的拱洞,跨度大,上部弧线流畅舒展,恰与两岸石基相接,甚是耐看。这处虽为天开却宛如人工的天桥,让人大为感叹。其名"天生桥",是通行的名称,当地人也有称之为天桥者。我觉得,天桥似

米仓道上的天生桥

乎比天生桥之名更好更准确。在中国古人的意识里,"天"并不完全如后人想的那样是天帝一般的神,其也包含有"自然"之意。因为自然太抽象,所以才臆造出了有人格意义上的天帝、老天爷。这处"天桥",就是"天"造,是"大自然"所创,犹如鬼斧神工,不见其迹。

桥之上游是一大沟,沟中流水清澈。这道流水只是南江河旁的一条小涧溪。再向桥上游不远处,即为一道石壁,一股小小流水自石壁上跌下,形成了一处白色的小瀑布,瀑布跌落之后,水从桥下流过,注入南江河。这股小水,平日只有很小的水量,如同泉水,连"河"字也称不上。但莫要小看它,因为这道水流洪水时节也有很强的冲击力,它就是营造这座石桥的主要工匠。推想当初,洪荒时期,这股流水只是从岩石的裂缝石隙潺潺渗流,石隙渐渐被溶解冲刷,变为孔洞,孔洞经过溶蚀冲刷,越来越大,于是上部岩石发生崩塌,经过千万年的不断侵蚀、崩塌,终于诞生了这么一座天桥。

当地的岩石多为水平层理，桥下经过自然崩塌形成的大跨度拱洞，舒展得如同一道彩虹。水流的侵蚀方式和岩石的渐次崩落，配合着该地岩石的岩性和强度，在营造过程中，协调得天衣无缝。

这座天桥算得上是一处自然奇观。虽然我们看不到大自然营造之过程，此桥却令人深感敬畏。其实这座桥如同是大自然给人类做示范：看，桥就是这样的！联想到中国古代著名的洛阳桥、赵州桥、七星桥，想到一座座跨越河流的古拱桥，很难说古人没有从这些天桥中受到启发，没有从中汲取过智慧，没有师法自然。

走上天桥又有看点，原来古人利用天桥桥面，在其上别出心裁地构建了一座小小寺院。寺院顺桥营构，小楼小阁，有好几进，飞檐宝顶，古风悠然。据有的文献称，此桥上的庙宇至少明代已有，而《南江县志》则曰，此庙为刘和尚建于清道光元年。不论怎么说，这是座老庙，是古人率先想到在天生桥上建庙，创意新奇。古柏苍苍，翠竹青青，竹柏掩映间，一跨自然壮丽的天桥，背上一座古典寺院，构成了这么一座空中廊桥，真正是一处天人合一之境。

大煞风景的是，桥上搭建了几处现代水泥与铁皮房子，混乱不堪，严重破坏了这处景观，令人惋惜。

天生桥与南江河谷平行，桥旁也有与河流平行的老路，沿道路分布着一些村落。很有可能，古代的米仓道就行经这座古桥之上，行人也要穿行于桥上的庙宇之间。如果真是这样，那么，这座天桥就是一座"穿心庙"，就是秦巴古道的组成部分。即便古道不经桥上，但这座古道旁的神奇天桥与庙宇，配之清泉柏竹，必然也是古道上的一处名胜，是过往游客路人的饮水休憩、祈福观瞻之地。桥旁有数户人家，竹绕柏环，傍临清泉，堪入画图，有点像岑参之诗所说："山店不凿井，百家同一泉。"

现在天生桥上的寺庙中还住有和尚，旁边则簇拥着几株千年古柏，还有翠竹白塔，资源不错，好好开发，必为美景。

庙坝行

考察庙坝古道时，天色微明便要求起床吃饭，饭后立即从汉中出发。行动如此紧张，让人隐隐感到，今日道路可能比较遥远，且比较险峻。按计划，考察人员兵分两路，一路由二南公路奔南江的桃园，而我们这一路则出发先至黄官，然后直奔庙坝。

从文献上看，古道自汉中越米仓山南下，有多条道路，其中最著名者有三道。东道沿冷水道上溯至小坝，经米仓关至南江。中道由廉水河上溯，至喜神坝，经铁炉庙至南江。西道就是我们所行之道，由黄官岭越帽盖山经庙坝至南江。

黄官亦名黄官岭，为一小镇，因其地扼守要道，明时曾设巡检司，盘查过往行人，曾是米仓道上的重要关卡。

汉中地区文化局为我们安排一妇女引路，其人年轻干练，人也生得俊美，是我们要去的庙坝村的村长，所以大家都称她美女村长。她从小生于庙坝，又是干部，故对当地最为熟悉。由黄官岭顺廉水支流白岩河上行，越一大山至向阳，即地图上的庙坝。这一线实为沿古道而行，这条古道，我称之为"米仓西道"。路经白岩村，这是古道上的重要节点，古称白岩河，由此山势渐陡，公路离开老路，行于新公路，渐渐盘山，路上有一段阴坡，积雪厚近一尺，车辆打滑，甚是难行，七车仅过其三。村长笑曰，她开小上海轿车，冬天也出出入入，雪大雪小，一点没事，大家不由得暗暗佩服。此山或曰"帽盖山"，为大巴山梁上的一座山峰，道路由其西盘过分水梁。从地图上看，这就是大巴山，此山过后，沟水南流，下山即至庙坝。远远望去，庙坝实为一处山中小盆地。

盆地中有一些长松大树，耕地间，疏落分布有小村二三，庙坝河自北向南蜿蜒流去。庙坝古称乾沟，因其处在大巴山阳坡，"文革"时改名为向阳，今复用庙坝旧名。这一带川陕交界处并不在大巴山分水岭上，而是岭南一部分也划给了陕西。站在坝中，四望皆高山，其山高入云霄，云雾

庙坝为一群山环抱的小盆地

中露出许多狰狞的悬崖绝壁，状如小华山。女村长自豪地说，这里风景好，与风景名胜区黎坪一模一样，并无二致，只是道路不通，所以少有游人。

上午便在村长家吃饭。我没事至其厨房中参观，厨房比较昏暗，忙忙碌碌掌勺的是村长母亲和另一老太太，用的炊具竟然是山区老式的火塘吊锅。火塘吊锅如今已经少见，烟火中，梁上悬着吊锅，上有铁链，可调节高下，下面正对火塘。烧的则是山中的硬柴，据说这种木柴做出的饭菜，其味更香。炒菜时，火势熊熊，热气腾腾，火光映照人面，油香弥漫，让人胃口大开。不久饭熟，众人于农家小院坐食腊肉米饭，甚香。还有油炒豆豉，食之后回味悠长，无一不是绿色食品。

饭后坐在小院中，大山宁静，远处传来几声鸡鸣，深感这里还保持着一种特殊的巴山生活韵味。由村长家的饭，说及四川豆瓣，司机小张说，郫县鹃城牌豆瓣酱质量最好。我记性不佳，"鹃城"二字老是记不住，竟让小张说了两三遍，哈哈。后来想到"杜宇春心托杜鹃"的典故，才记住了这个鹃城的牌子。

　　沿庙坝河出村向下游行去，河谷渐窄，实际是一道峡谷。河东岸有一小道，穿竹林，越树丛，曲折而下，一路没有人烟，尽是老林。这条道路，便是米仓古道。沿路看去，河水碧绿，清澈见底，流量也不小，而河岸皆石，光洁滑溜，让人忍不住要下河走一段。此处阳光、空气、植物、山峰，无一不美。

　　行至川陕交界处，两岸山势凶险，中为一窄峡，峡谷东岸有一高阶地，宽约百米，阶地与河床间为一高二三十米之陡岸，故设卡于此。山河之间横有两道平行的关墙。南面一条土墙长约百米，断面呈梯形，高约四米，底宽四米，堆土中有白灰三合土，女村长说她爷爷曾参与重修过此墙。道路穿越处，旁边发现有数块青砖，此地当有一关门。另一墙为垒石墙，处于北侧，相距南墙不远，不过荒废已久，墙形不显，其上树茂草盛已经不易发现，当为更早之一道挡墙。《南郑

山区用吊锅炒菜

沿河行走的米仓古道，路径甚窄

县志》称其处为"庙坝关",曰其地为川陕之界,旧时入川要道之一,明末修建挡墙。书引郭凤洲《续修南郑县志》曰:挡墙"险踞崖侧,陡临深涧,出入上下,人难并行"。①亦有人称之为"挡墙关"者。

这一条路是汉中通川之道,不过看上去道路有点小,好像不是一条大道,但从历史上看,这却是穿越米仓山的一条重要通道。总体说来,此道所经,其山不大,越岭不高,是一条好道。过去关墙下游不远,即可达于庙坝河口,进入宽河河谷。自庙坝河口沿宽河河谷顺水西行,可至旺苍县。自庙坝河口沿宽河河谷向东逆流而上,经金灯坝,可至桃园,再南行即达南江县。

在挡墙关进行了简单的测绘、考察,因太阳已斜,路途尚遥,时间不足,于是苍山斜阳中,大家依依而返。庙坝之南,沿河道路两旁多生一种大叶竹子,密密麻麻。后至米仓坪时问南江政协主席,曰是"木竹",为熊猫所喜食,一般长于一千三百米以上,雪中亦绿,长不高,如灌木状,分布甚广。米仓道又名大竹路,据蓝勇先生说,大竹路得名或与此竹有关。

返行下山,至山阴处雪路,对面一车滑陷,等候一个多小时,方过。归至汉中,已是灯火满城。

巴山小姑娘

---

① 《南郑县志》,中国人民公安大学出版社1990年版,第470页。

米仓铁屐

南江县处于大巴山南，是米仓道上的重要节点，南来北往必经之地。南江古名集州，亦名难江，这座千百年来一直充满巴山风韵的山城，在现代建设大潮中也一改旧颜，逐步变成了现代城市。但县城中也开辟了一座博物馆，力图记载下这座城市的历史。

博物馆的陈列比较简单，展品也不多，有些历史文物，还有红军活动等内容。博物馆不大，但陈列干净。我最感兴趣的是内有山区旧时背夫的背架、搭杵等器具，特别是橱柜中放置着一双锈迹斑斑的铁鞋，让我驻足不前。这双铁鞋共四块，每只脚上分前后掌。其形似马掌，但下有数个突出铁齿，旁有小孔，可以用细绳捆绑于鞋下。

这双铁鞋虽不起眼，它的出现却让我大喜，看了又看。

当时让我一下子想起了一位人物，即南朝风流倜傥的诗人谢灵运。谢灵运就有一双特制的登山鞋，后人名之曰"谢公屐"。古代文献中记载说，谢灵运车服鲜丽，喜爱游山玩水，外号为"谢康乐"，他的登山鞋，上山去其前齿，下山去其后齿。这种鞋齿，能装能拆，说明其鞋齿是活的。有前齿、后齿，就是可以分为前底与后底两块。李白很仰慕谢灵运，也喜游山，他在《梦游天姥吟留别》中便幻想道："脚著谢公屐，身登青云梯。"

不过谢公屐具体什么样式，没人见过。对于文人来说，它只是诗文中缥缈的一种风雅。

博物馆中这件铁鞋，倒让我们看到了一件真实的屐齿。有了它，让谢公屐一下子变得具体起来。谢公风流儒雅，穿上这东西是登山游玩的；而眼前的这双铁鞋，却是山区负重下苦的背二哥所穿，用于踏雪践泥，以防滑倒。

屐读音同"基"，《辞源》曰："底有二齿，以行泥地。"

古人用于踏泥者，其名曰泥屐，今关中民间有些地方尚存其类。其状如一对四足小凳，长如人足，总高十余厘米。用时缚于足下而行，可踏雪

民间尚可以见到的"泥屐"

践泥，不湿其足和鞋。《晋书·谢安传》说谢安"过户限，心喜甚，不觉屐齿之折"。唐人独孤及《山中春思诗》云："花落没屐齿，风动群木香。"说明足下着屐，也不一定是行泥中。

不过许多屐都是木制的，而南江背二哥的屐却是铁打的，缚在脚下就成了名副其实的"铁鞋"。

说起铁鞋，古有"踏破铁鞋无觅处，得来全不费功夫"之语，大家都知道。这句话早在元剧中就出现了。虽然说穿铁鞋的人多，但是，铁鞋究竟什么样子，却曾长期让我疑惑。在电视上曾见有人打了一双沉重的铁鞋，穿着步履艰难，用以练武。将铁鞋理解为如此沉重，怕是不对的。只有这种鞋底上装有铁屐的鞋，才应当是古人说的铁鞋。

中国古代出现铁鞋很早，传说大禹就穿过。《史记·夏本纪》说禹"山行乘樏"，古人即解释其为一种铁鞋。

有位叫如淳的人解释这个"樏"字说："谓以铁如锥头，长半寸，施之履下，以上山不蹉跌也。"它的具体样式，《史记正义》说："上山，前齿短，后齿长；下山，前齿长，后齿短也。"看来，大禹登山穿的这个"樏"，也是防滑防跌，也是下有铁钉，分前后齿，可以调整，就是我们面前的这种铁鞋。

现代人认为，中国出现铁没有那么早，大禹时还不多见。但考古证明，至少商周时期中国已经出现铁器了。而且注《史记》的这些人，注书时写的内容，很多都是从前人那里传下来的，有人可能见过铁鞋。如淳是魏晋时代的人，我估计，秦汉时代中国出现这种铁鞋应当是可能的。至于木屐，当然出现更早。

关于铁鞋，古代的记载并不多。公元四世纪，石勒攻刘曜，让攻城士兵"人着铁屐，施钉登城"。这种铁鞋，下面有钉，可以登城防滑，与现代的登山鞋相近。清初，郑成功亦曾以铁鞋装备部队，《台湾外记》记载，顺治十五年（1658），郑成功于厦门训练一支"亲军"。这支部队不仅要求兵士力大勇武，而且装备非凡；要穿着坚厚铁盔、铁铠及两臂、裙围、铁鞋等项，箭穿不入；还要带上铁面，只露眼耳口鼻，妆画五彩如鬼形，手执斩马大刀。每组以二兵，各执器械副之，专砍马脚，临阵有进无退，名曰"铁人"。但这些"铁人"所穿的铁鞋，已经不是用于登山，而是用于防御了。

《太平御览》还引《郡国志》记一种铁鞋，文曰："越州白涂山有石船一丈，禹所乘者。宋元嘉中，有人于船侧得铁履一量。一云：有圣姑从海中乘舟张石帆，至此二物。庙中有周时乐器，名淳于，铜作，似钟而有颈，映水用芒㸉则鸣。"这个传说中，帆是石制，鞋是铁造，与真正的实用物相去甚远，就有点神话的意思了。

历史上，这种带钉的铁鞋虽早有记载，只是记载过于稀少，如同奇闻逸事。带前后齿的登山鞋发明之后似乎也已经失传。但奇怪的是，在民间，在中国的秦巴山区，在大巴山深处的雪途泥道间，那些贫穷背夫，草鞋之下却还套着这种东西，在大山间艰难地跋涉。也不知他们穿这样的铁鞋，这样艰辛地行走，有多少代了。清代有个叫方象瑛的，在蜀道的七盘岭上有幸穿过一次铁鞋。他在《使蜀日记》中写道："七盘岭，岭最高陡，凡七折，四面危峰峭石，下视皆百尺深涧，人伛而行，前后顶趾相触。以铁鞋系足心，状如马鞍，铁着石得不滑也。"[①] 只是他穿的铁鞋，似乎不分前后，是整体的。

---

① 方象瑛：《使蜀日记》，《丛书集成续编》第六十五册，上海书店1994年版，第193—207页。

铁鞋这种发明,在历史记载上并不多,在民间,也藏于少为人知的深山。也就是说,登山铁鞋,中国早就出现,然而似绝未绝,一直在民间少数荒僻的地方应用。

这种山区背夫铁鞋的应用,只是延续到清末民国时期。现代公路出现后,基本上也就消失了。今后也不太可能再有人造这种铁鞋,穿这种铁鞋。若不是博物馆搜集了这双铁鞋,后人怎知民间还曾经有过这种铁鞋,怎能将其与遥远的历史进行联想;若不是博物馆搜集了这双铁鞋,失去了这些信息,我们岂不是白白丧失了一段历史。

所以,这双铁鞋虽然貌不惊人,却意义非凡,值得珍视。

有些人看到现代国外进口的登山防滑鞋时,还以为这种鞋子,只有老外才能发明,中国人没份。而巴山铁鞋与历史上的记载让我们知道,中国也曾发明此种东西,只不过它被我们忽视而已。

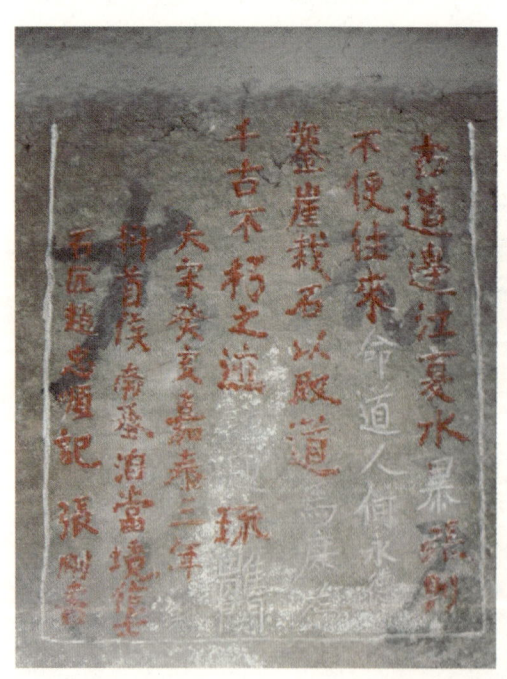 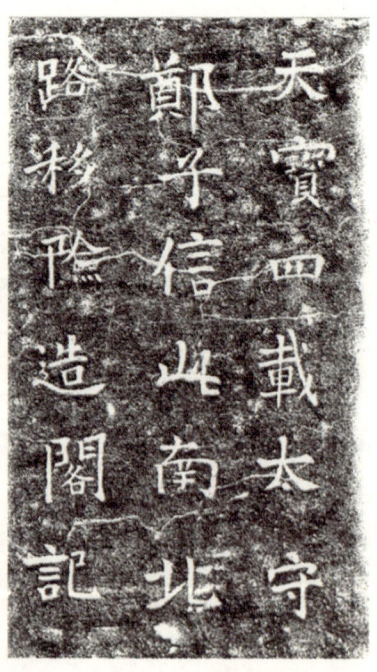

米仓道旁的唐宋摩崖题刻

第六章　傥骆道

傥骆道,亦是一条穿越秦岭的古道。

傥骆道是关中通达汉中的又一条大道,这条道路因南取洋县之傥谷,北取周至之骆谷,故名傥骆道。其北自关中周至县的西骆峪入山,中经厚畛子、华阳而达于汉中的洋县。《元和郡县图志》曰:"骆谷道,汉魏旧道也,南通蜀汉。"①可见此道开辟较晚。傥骆道比较准确的记载,始见于三国时期,时傥骆道战事颇多,留下了一些记载。

傥骆道线路图

① 李吉甫:《元和郡县图志》卷二"京兆府"下,中华书局1983年版,第32页。

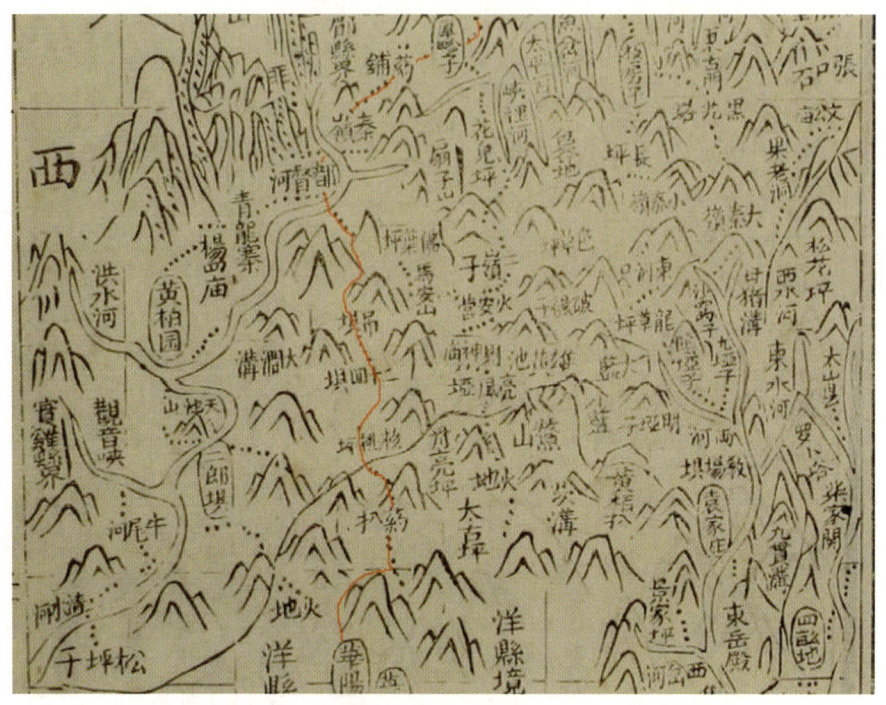

古地图中华阴至厚畛子的古道

公元244年,魏将曹爽自长安大发卒六七万,从骆谷进军攻蜀。"是时,关中及氐、羌转输不能供,牛马骡驴多死,民夷号泣道路。入谷行数百里,贼因山为固,兵不得进。爽参军杨伟为爽陈形势,宜急还,不然将败。……乃引军还。"[1]这一次,六七万部队入山数百里,以牛马骡驴转输,而不能供给,说明古栈道虽可通行畜力,但道路运输异常艰难。而蜀军于此役,则"进据三岭",因山设防,居高临下对付魏军,魏军仰攻困难,后勤不支,只好退兵。

公元257年,蜀将姜维率数万人出骆谷,乘虚进攻关中,占据了黑河谷口的沈岭。魏军傍渭坚守长城与蜀军对峙。姜维倚山而守芒水,芒水即黑河,所守之山当为马召南山。姜维如此驻军,正像诸葛亮出斜谷守五丈

---

[1]《三国志·曹爽传》,中华书局本,第283页。

原一般，也是欲保退路。可能当时以芒水为出兵之口。

唐时对于傥骆道运用较多。

唐武德七年（624），开骆谷道以通梁州，并将骆谷关南移十里。唐天宝中，又在山南整修道路，复置华阳县。安史之乱，长安许多官员由骆谷逃往汉中。后来朱泚反叛，唐德宗由此道仓皇南逃，备历艰难，安公主也死于城固。他曾于诏书中说道间"绝栏萦回，危栈绵亘"，则此道当时亦有不少栈道。黄巢入关，唐王朝又有一位皇帝僖宗，也从骆谷入山，逃奔汉中。

相比起来，傥骆道是长安通达汉中距离最短的一条越岭道路。《元和郡县图志》曰："（长安）西南至洋州六百三十里。"①其山道长四百多里，旧时背夫从周至出发，步行四日可以穿越秦岭到达洋县。《华阳记》称，子午、骆谷、褒谷并为汉中北道之险，而骆谷尤近。故唐世长安有事，帝王每从此道避难汉中。

但与诸道相比，此道开辟较晚，翻越大山甚多，一路重山叠峦，道路陡险，山高林密，歧道纷纭，是诸道中最难行走之路。顾祖禹《读史方舆纪要》说："谷长四百二十里，其中路屈曲八十里，凡八十四盘。"傥骆道隋唐时期较为通畅，唐代于道中设十一馆驿，五代之后，骆谷渐渐荒凉，多为背夫穿行于其间。时至今日，许多地段依旧山色苍翠，碧流淙淙，保持着比较原始的风貌。道路盘曲于苍茫老林之中，石阶断续于陡岩怪石之下，虽然难行，但如此古道，绝无现代气息，倒让驴友们醉心不已。

穿越秦岭的几条大道中，在线路设计的合理性、道路工程的投入、开辟技术的应用上，最不济的就是骆谷道。这条道路，如同民间无数小道的拼凑和组合，虽然也在军事行动中进行过突击抢修，但缺少那种统一规划的大气魄，只能算是次一级的古道。

---

① 李吉甫：《元和郡县图志》卷一"京兆府"下，中华书局1983年版，第3页。

从古人选道习惯来看，傥骆道最合理之路线，当北由周至取长谷黑水河谷，南由城固取长谷湑水河谷，中于老县城都督门一带越秦岭梁。如此，虽行于河谷道路漫长，然而仅翻一山，越梁最少，道路最平。自长安向蜀汉，其大方向，也斜向西南。纵观秦巴诸道，不但追求短近，也尽量回避大山，然不知何故，后人所谓的傥骆道，竟越三四座大山。自北而南，先翻老君岭，再翻秦岭梁，过了秦岭，还有一道兴隆岭、一道牛岭要翻。最复杂的线路，要越七山，即关岭、老君岭、父子岭、秦岭、财神岭、兴隆岭、牛岭，如此上下翻山不止，让人未免疑惑。

这种现象的出现，或因两谷洪水多发，或因峡陡路断，或因背贩逃关，或舍车求便，个中原因，很值得深入研究。

这让我们想起了李白说的"一夫当关，万夫莫开，所守或匪人，化为狼与豺"。或许，正是大道上守据的贪腐官吏对行旅商贩的盘剥欺诈，比山川更险恶，"苛政猛于虎"，因而造就了这种不可思议的线路。

傥骆道之线路，比较复杂，历史变动也大，故说法不一。因傥骆道必经华阳与厚畛子，这是两个重要坐标点，加上北口西骆峪与南口傥谷，这四个点位将其古道线路大致锁定。今择其一较为合理者而述其线路：

周至—西骆峪口—七里关—茅草坪—案子沟—西老君岭—八斗河—灯台寺—厚畛子—钓鱼台—都督门—吊沟—烂店子梁—桦树坪—两河口—擦耳岩—板桥—华阳镇—小华阳—小牛岭—新店子—铁河街—峡口—古路山—四郎庙—洋县。

仙游寺与骆峪道

周至县城南十五公里处，秦岭山中，黑河南岸，有座千年古刹仙游寺。寺院背依青山，面对碧水，松竹参差，风景清幽，是自古以来著名的游览胜地。相传周穆王就曾在此处游乐，留恋这里秀丽的山水，可见这里的奇异风光，很早就为人们发现。

古代帝王们如果对某处的环境十分青睐，大建行宫的话，恐引起百姓的不满，所以他们也常常利用修建具有园林风光的佛寺道观手法，为自己行乐打掩护，这样，便可以名正言顺地游玩享乐。隋开皇十八年（598），隋文帝在此建立佛寺，其后仁寿元年（601），文帝又于寺中建法王塔。因塔内安置有罕见的佛舍利，又称仁寿舍利塔。塔用水磨青砖砌成，高三十米，为密檐式七级方塔。这座宝塔幸存至今，成为国内现存为数不多的隋代砖塔之一。到了唐代，仙游寺规模更大，唐宣宗把仙游寺改建为三寺，其时浮图高耸，殿宇参差，映以好山好水，其景致风物可想而知。

当年的仙游寺，寺前黑水上有黑龙潭，寺后有仙游山，不仅是宗教丛林，也是文化传播与旅游之处。这里除了帝王临幸外，更多涉足其中的则是一些文人墨客和大批的善男信女。开元十四年（755），杨贵妃死于安史之乱后的五十年，大诗人白居易于元和元年（806）被授周至县尉，常与名士陈鸿、王质夫结伴来此小游，并在当地创作出描写杨贵妃与唐明皇故事的诗篇《长恨歌》。《长恨歌》辞藻曼丽，情意柔婉，成为中国古代诗歌中的不朽杰作，仙游寺由此更负盛名。白居易很欣赏这里的夜景，他夜宿仙游，描绘景物的诗中有"沙鹤上阶立，潭月当户开"之句。及回到长安，还不时梦到仙游"松竹深寂寂，月出清风来"的优美夜色。宋代苏东坡同样欣赏这里的山水，他二度造访仙游，也留诗不少。毛泽东十分喜爱《长恨歌》，曾以其飘逸的书法手录歌辞，其手迹被镌刻在寺内，诗书相映，可称为双绝。仙游寺美丽的园林和这里发生的历代逸事，使其更具魅力。

而今，仙游寺已经为黑河水库淹没，旧址波光闪烁，一片汪洋，仙游寺塔也迁至其对岸金盆谷地北侧小山梁上，有关部门将重建仙游寺。重建仙游寺，将令这一千年名刹得以延续不绝。新建的寺院，与黑河水库相映，可能风光更佳。

但是，仙游寺的看点并不仅仅如此，我隐隐感到，这其中大约还隐藏着另一条古道的秘密。

建于隋代的仙游寺塔

古人选择寺址，常取大道入山之处，既取其山水之美，又借其游人众多，而得香火旺盛之利。如蓝关道上的悟真寺，故道上的千佛崖之类，都是如此。仙游寺建于黑河口内，兴许也是为了借助于一条古道的人气。但是这条古道，却一向被人忽视，它行经寺前，沿着黑河，蜿蜒通向山内。这条古道可能就是古骆谷道。

傥骆道是从秦岭南的傥谷北通秦岭北之骆谷的一条古道，所以才叫傥骆道。按理，这条道路的北口，应当就是骆谷。但现代的傥骆古道北口，却不叫骆谷，而叫"西骆谷"或"西骆峪"。这一点，让很多人生出疑问，既然有西骆峪，那么有无东骆峪？然而查遍西骆峪东侧谷口，也没有一处叫骆峪者。是不是曾经有一条骆峪，后来改名换姓，让我们寻找不到呢？这种可能性当然也不能排除。

秦岭山中的厚畛子，是古傥骆道南来北往必经之地，而周至县城则是古傥骆道出山后的重镇，也是古傥骆道的北端。从厚畛子至周至，是否只有一条道路？是否西骆峪成为要道之前，还有一条真正的骆谷道？

细数西骆峪东侧可抵厚畛子之古道，计有辛口子道、马召道、黑河谷道三条路径。

辛口子是一条小山沟，其地在西骆峪之东，《南山谷口考》以其谷作"新口谷"，当以"新"字为是。由此入山后沿沟南行，途经仓峪村、青岗砭，由青岗砭西行至宽台子、关城子，与正道相合。此道当为后起的入山之口，在近代利用甚繁。所谓新口谷者，是弃旧谷道而新择谷口之意，所以新口道之开辟，当在西骆峪道后。

马召道在辛口子道东，其北侧山下为马召镇。马召为周至县南一镇，自马召南行入山，先翻一小山梁，经金盆，下到黑河西岸，由此渡河即至仙游寺，与黑河古道合。由仙游寺沿河溯行至沙梁子，再沿黑河主流西行，而达于厚畛子。马召道很短，实为黑河谷道之别口，可视其为黑河谷道。大道出山之口，也就是平路与山路的交会之地，往往会形成较大的市镇。这几处山口，只有马召热闹，形成市镇，余皆清冷，说明傥骆道道路不断改易，这里是晚期的出入口。

　　黑河谷道在马召道东，古道自黑河谷口入山，穿过峡口，到达仙游寺，然后溯黑河至沙梁子，再沿黑河主流西行，至厚畛子。这条古道，清时称蒲河道。

　　前已分析，传统傥骆道之口曰西骆峪，以此推测，古时可能还有一条与之相对的骆峪或东骆峪，其中也有古道可以通往傥谷。上述三条道路中，我怀疑黑河即古骆峪，黑河谷道即古骆峪道。这一设想很有意思，虽然证据尚不足。但考古就是破疑求真，就得寻找蛛丝马迹，进行分析研究，用事实来证明自己的设想。

　　古人越山选择道路，多取长水大谷，以减少坡度与翻山之苦。其一，黑河是周至县境最大的河流，其河谷远比西骆峪为长，古人选道，按理当先取此谷。其二，古人取黑河河谷为道，比西骆峪道要少翻一座大山，选线更为合理。其三，古人称傥骆道途中要翻越三座大山，但取道西骆峪，则要翻老君岭、秦岭、兴隆岭、牛岭四座大山。若取道黑河入傥谷，只需翻秦岭、兴隆岭、牛岭三座大山，其数与古人记述的"三岭"相合。其四，黑河中本来也有一条古道，这条古道，沿黑河可直通厚畛子。岑参曾夜宿仙游寺，写诗提及此道曰："太乙连太白，两山知几重。路盘石门窄，匹马行才通。"

　　明末孙传庭曾与农民军战于黑水谷，生擒高迎祥。二十世纪八十年代，王子今先生、周苏平先生、张在明先生与我曾进行过考察。考察发现，这一路，沙梁子旁黑河桥即为一古桥遗址，规模甚大，且有多次改建之痕。其旁有清代断碑一方，碑文中有姜维伐秦、钟会寇蜀皆经此道之说。其旁河岸还有一些方形栈孔存留。自沙梁子西至灯台寺，道间亦发现古栈道遗址。这些证据非常珍贵，说明黑河谷道确为一重要古道。特别是沙梁子，当为古道上一重要节点。

　　最后，还要再强调一下我们深感兴趣的仙游寺，该寺坐落于黑河谷口，这一选址应当与古道有关。仙游寺或许就是古道北口的一处特殊标识。

沙梁子黑河古桥遗址

历史上西骆峪之外,有无骆峪,是一个悬而未解之谜。黑河是否古骆峪,黑河谷道是否古傥骆道的北线,则是又一个悬而未解之谜……这些都是探究古道的有趣话题。

凄凄凉凉老县城

2002年5月,我们几个老同学相约至老县城游玩。一行人于下午乘车入黑河,暮色中到达沙梁子,遂入住。同学多年未见,烧鸡啤酒,快谈至深夜方才入寝。枕上转侧难眠,闻听河水之声,一夜不绝。黎明起身,天色甚阴,出门散步,方才发现所住之处,竟然是建在黑河边上的西洋式尖顶红房,但内部却很简陋,一点也不洋气。洋房与这里的青山绿水,是不是般配,成了早餐上又一话题。

早餐很简单,但价格不低,想起多年前,我和另外几位同学考察栈道,也是摸黑赶到这里。几个人饥饿难耐，敲开店家之门，求其为我们弄点吃的。主人一边捅炉子，一边说，半夜三更的，只能下面，一碗半斤，要多少？大家不假思索道，每人两碗！等得主人端出面来，我心里一惊，那碗正是关中的大老碗，状如小盆。那面也是关中的干面，没有菜，汤水甚少，而面的数量，如同小山，从碗中高高耸起。我只能吃一碗，另一碗，推给了他们。没有想到，一阵风卷残云，桌上只剩下八只空碗。那时人实诚，给的量足，钱也不多。

沙梁子是个三岔路口。由此向南可至佛坪县，由此沿黑河主流向西可达厚畛子和老县城。

沙梁子有座公路桥梁，桥旁则是古桥之遗址，说明其地古时也同样有座桥梁。那座古桥，从遗址看，规模甚大，沿用时间亦长，当是古道上重要的遗迹。前次考察未能细看，但这次大家急于入山游览，也是匆匆而过。旁边存有清代残碑，碑文中有姜维伐秦、钟会寇蜀皆经此道之说。这一说法很值得重视，目前传统的观点是傥骆道自古皆从西骆峪入山南行，不经过沙梁子，直至厚畛子。如古道要行经沙梁子至厚畛子的话，则入山之口就应当为黑河谷口了。所以，沙梁子这些遗迹，就显得非同寻常，它们是解开古傥骆道线路的重要物证。

自沙梁子至厚畛子，皆沿黑河而行，途中有几处栈道，栈孔甚小。但这些栈道却再次证明，黑河谷道也曾经是傥骆道行经之路，其价值如同沙梁子古桥。

厚畛子为一山区小镇，是傥骆道上必经之地，亦为四达之地。其地北通大蟒河，南通佛坪老县城。从厚畛子出发，沿黑河下行，东通灯台寺、沙梁子；向黑河上游，西通都督门，也可直达太白山。其旁有地名曰"营盘梁"，说明曾驻有军队。

从厚畛子至老县城皆为盘山公路，途中天忽大晴，风光明媚，海拔渐高，山林树木色彩也渐渐丰富。汽车盘上秦岭大梁，梁上立有碑，刻文曰"秦岭界"，这里就是秦岭山脊，长江黄河的分水岭。登梁远眺，碧天之下，青山犹如画屏，层层叠叠，越远越淡，最后天山融为一色，深远之处，已非目力所及。

从天空俯瞰秦岭梁

唐人欧阳詹写过秦岭梁诗,感受甚深。诗曰:"南下斯须隔帝乡,北行一步掩南方。悠悠烟景两边意,蜀客秦人各断肠。"自梁顶下山数步,回头即不见来路,古时岭头之上,成为让人伤感之地。

秦岭梁南侧山下,有一小坪,上面星星点点有些房舍,那就是老县城。下山后,走进一个城门洞,便算是入城了。

老县城是指佛坪县的老县城,清道光年间,因深山老林匪盗猖獗,特于此设佛坪厅,加强山区治理。至民国初年,改为佛坪县,1926年又因匪盗炽盛而废弃,县城迁往他处,此地空存其名,故称老县城。因匪而设,亦因匪而废,可见此地匪患严重的程度。这一带是傥骆古道必经之地,行人必然饱受其害。老县城建于一条小河之南,东西长三百五十米,南北宽二百四十米,设有东西二门。今城墙多有残缺,城内大部为耕地,沿路稀疏分布有一些农户。巡游其地,青山碧树,空气清新,可赏旧城残垣破庙,可观一些石刻老碑。有一株老松挺立于城中,给这里增添不少风光。当年此处最盛时据说有五百户人家,今则无异于一小小山村。

老县城之城门

　　村民多养有鸡、猪，也有养蜂者。有只老母鸡领几只小鸡娃，咕咕咕地在屋边刨食，母鸡对它的小鸡，真是百般呵护。但不久天上出现一只苍鹰，在头顶盘旋，让人为那些小鸡十分担心。这里的鸡，多关在可怜的小土窝中，而猪圈奢侈，皆用粗大木料围成，感到好生可惜。农人烧柴也非常浪费，其破柴用的树都是高山所生天然木料，树干都比人腿粗，劈好的柴棒家家门前一大堆。若只有这几十户农民，森林还不至于会被破坏完，但大批游人入山，这样吃住取暖，会大量消耗资源。不知道当地的林业管理部门是不是认识到这一点，是不是估算过这里高山森林的承载力。而这里的旅游部门，正拼命往山中拉客人。

　　老百姓正屋中，大都供有"天地君亲师"的红纸牌位，这是当地山区保存下来的传统，在城里早就被革除了。对着这几个字，很多人都在品味。天地生万物当敬，祖先生我当敬，这都无须多说。其中的君，就是皇帝，皇帝中尧舜可敬，桀纣就不必敬了。君要是当作社会秩序来理解，也可敬。师是人类文明与知识的传承者，可敬。敬师这一条，能被提到这么样的高度，

村民家中供奉的"天地君亲师"牌位

真不容易,教师们如看到这一条,可能眼眶都会湿润。

据说,这"五敬"是荀子弄出来的,他的学生李斯就按这一套帮秦始皇治理天下。不过秦始皇虽然身为国君,已经占了一敬,却还要强调"以吏为师",师是皇家规定的,不是什么人都能随意教学。这种"天地君亲师"的牌位,关中已经不多,两千多年的传统,依然深植于山区民间。

老县城那条小河,汩汩西流,很不起眼,实际上,这就是湑水河之上源。沿此河向下游而行,五里可达都督门,再沿河下行数百里则到汉中的城固。

都督门是旧傥骆道上的必经之地,可扼数道之口,也是一处军事重地,古时军队驻防之地。《三省边防备览》图中标其地名为"都督河"。唐末黄巢起义,唐僖宗逃往汉中时经此。由都督门正南取道四十里吊沟,越兴隆岭,经桦甸、柿树坪可抵达华阳镇,然后由华阳至洋县。清代的傥骆道,由此向南越两道大岭,由此向北,也要越两道大岭,所以,这里和老县城也是傥骆道的中点。老县城可以屯粮驻兵,都督门可以盘查行旅。如有战事,则可以登梁扼守。

正在编竹篓的老人

稍一周旋，便游毕全城。正无处着脚，忽见有一农家乐，于是欲入内一乐。众人皆思吃点什么绿色食品，主人说有土鸡蛋，于是点了炒鸡蛋。谁知过了一会儿，主人出来一脸歉意，说找来找去，家中只剩一个小鸡蛋。大伙无奈，你看我，我看你，只好说，那就炒一个吧。结果，七八个人，吃了一顿老县城民间之饭，其中最特殊的，就是共吃一盘一个鸡蛋炒的菜。其入口之少，可想而知；其香味诱人之状，可想而知；其相视共大笑，可想而知。

这次入老县城，不是专门考察古道，所以十分轻松。

华阳古镇

华阳古镇坐落于洋县之北的深山之中，是古代傥骆道必经之处，也是古道上行旅歇息休整之重地。旧时背夫沿此路步行，行四天三宿，即可穿越秦岭。傥骆道所行，一路皆为大山，中间共有三处大站，可以整顿歇息，三处大站为厚畛子、老县城，另一处即华阳镇。

华阳所在地是秦岭南坡一处不多见的小盆地，数条河流汇流于此。四周青山起伏，村落相望，盆地中心则坐落着这座华阳古镇。古镇东西河水环绕，形状如梭，当地人称其镇之形如船，故有"船城"之号。华阳盆地，众水汇集，沿这些水流的沟谷，又可以通达多地，所以，华阳形成此地山区诸道的辐射中心，它的影响面远比一般山区小镇大。山区民众赴此赶场，

华阳镇傥骆古道上的牌坊

外地客商来此买卖,以其所有易其所无,得此地利,这里不但发展成为山区商贸中心,也进而又成为文化行政中心。

华阳历史上曾数次设县,唐时曾设真符县,今日则为洋县一镇。华阳既是傥骆道上一处必经之地,也是古代军事重镇,唐曾于此地设华阳关。红军曾于是地建立红色根据地,当年红二十五军司令部就设在此地。

我最早听说华阳是下乡时,那时过年,知青都想回家,我们回家都是坐火车汽车,听说华阳有的知青为了走近路,冒着大雪深山步行越秦岭回西安。这种极度冒险之事,让人既担心且佩服,因此也对华阳有了一份好奇心。后来搞文物普查到过华阳。那年与王子今、周苏平、张在明先生调查傥骆道,从大山中徒步行走数日,饥困交加,最后蹒跚到这座古镇,深刻体会到它在古道上的作用。去年再至其地,华阳已经大为改观,成为气象一新、游人不少的旅游景区。

步入华阳,老镇已经焕然改观。两侧老式房舍多已整修,经商开店,招徕顾客。跨街牌坊上,大书着"傥骆古道"。在这里,可以品尝到当地特色的饮食,也可以买到地方特产木耳、核桃与工艺品。也有许多历史遗迹,除了古街道外,在华阳镇西门外,黄牛嘴河岸尚存有桥柱孔,就是古道的

华阳镇北的古道

遗址之一,其地是古代华阳南下的咽喉。桥址旁高崖上有唐得意阁旧址,唐时曾建高阁于其上,登阁可以俯视全镇,下扼东西道路。此阁既是华阳一景,也具有重要军事作用。唐得意阁建于建中三年(782),记其事的唐代摩崖尚存于石壁。华阳之北,傍山有段古道,则以标牌展示,可以行走参观。下面还有一列古代行旅的雕塑,挑担背驮,样样尽有,只是人物形象有些粗陋。

华阳有座新建的寺庙,建在盆地正北的小山之前,依山面南,选址颇佳。寺内种几株挺拔的奇松,造几座仿古的殿宇,轩窗明亮,洁净无尘。廊宇内列置金丝楠雕刻的五百罗汉,尊尊形式不同,比起别的新寺,甚有创意,值得一观。

华阳地处深山,古时森林密布,动物繁盛。近年许多地方由于森林消失,也导致了大量动物的灭绝。但华阳山区相对开发较轻,故植被与动物还保存了一些,原来是"你有我有他也有",但如今是"众人皆无我独有",那么,独有的东西就成了宝贝。洋县值得夸耀的有珍稀的朱鹮,有大熊猫,也有金丝猴。在华阳镇西,就有一大群金丝猴,可以参观,并可与人玩耍交流。那些山上猴子,远远看到人来,就欢呼跳跃着从山上下来,等着游人给它们喂食。

华阳镇可以就近观赏金丝猴

这些活泼可爱的猴子,不禁让人又想到古道上出没的动物。古代山区动物远比今日为多,既有好玩的,当然也有可怕的。如商山路上,就多鸷兽,害其行旅;米仓道上的猛虎甚至敢从人群中夺人而去。与诸道相比,傥骆道山更深,开辟最晚,道路最曲折,所以,其路途遇到这些毒虫猛兽的机会更多。

古代秦岭中的道路行经之地大多山高沟深,无有人烟,尽为郁郁老林。深草密林中,涧水乱石间,常逢野兽出没,多有毒蛇蚂蟥。汉人说子午道中"恶虫蔽狩,蛇蛭毒曼",其中的蛭就是一种狂吸人血的旱蚂蟥,经过的路人常常被咬得鲜血淋淋。唐《元和郡县图志》说得更为恐怖,称骆谷路有一种毒蛇,常伏在竹木上,突然攻击行人,使行人立即死亡。这种蛇又名"反鼻蛇",当是一种剧毒蝮蛇。古道上,还有毒草尖刺,行人防不胜防。像华阳之北的桦树坪、四十里吊沟,旧时都是傥骆道上的艰辛可畏之地,除此之外,道上也有抢劫行人的土匪。所以,古代行旅,特别是散客,到这种地方会心生恐怖,故往往结帮而行,和过景阳岗一样。华阳就是这种结伴凑帮然后才敢出发之地,这一点,怕也是其兴旺不衰的原因之一。

现代驴友,如欲追求古代行旅感受,那么,从华阳北行穿傥骆道是不错的选择。这一路是秦岭诸古道中山水植被、道路景观最接近原始风貌的一条古道。兴隆岭一带，峰高谷深，云雾缭绕，海拔甚高，多生有箭竹，其杆笔直，上下粗细匀停，是古人制作箭杆的美材。而这种箭竹亦为高山活动的熊猫喜食之物，所以，这些地方会有熊猫活动。当然，路途吸血蚂蟥等依然不少。驴友走过一趟后，见所未见，行所未行，于原生态间感受古风，很是特别。如再和旧时背二哥的行路功夫比一比，则会生发出另一种感叹。过去的背二哥委实厉害，背负一百多斤重物，一天越一座大山，四天就可以由洋县走到周至，其脚劲耐力与吃苦耐劳，让现代人自愧不如。

华阳镇众多道路中，最重要的道路，一直是北通周至南达洋县的傥骆道。其北上主道，即经药坝、华树坪，越高大的兴隆岭、下吊沟而至都督门，再北翻秦岭下至厚畛子，由厚畛子东北行越老君岭、关岭，出西骆峪而达周至县城。由西骆峪口经周至至西安皆平地，古称华阳至西安计四百余里。由华阳镇南下主道，则有铁冶河道，其道向南行离开酉水，经小华阳、越牛岭至东沟可至傥水河岸的铁河，然后顺河而下可达洋县。铁冶河即古时的傥水。

华阳南下，还有其他古道，当地的背夫多喜行大牛岭道。大牛岭道自华阳南行，经小华阳入牛岭沟，越大牛岭、黑峡沟、大店子、马道梁，出山而至洋县。

洋县地处汉中盆地西侧，是傥骆道的南端，城中古塔高耸，街市喧哗，是一座历史颇久的老县城。有趣的是，洋县人的语言带有一点关中味，有些洋县人祖上也自关中迁来，这里甚至可以见到关中风格的拴马桩。这些，算是北方渭水流域通过古道"侵入"南方汉水流域的文化，是关中文化越过秦岭进入南方的一支文化楔子。当然，关中的周至也会受到对方的影响，喝稠酒，编竹器，大约也是人家的楔子。

道路之影响，可谓深刻且广泛。

第七章 子午道

中国古代都城大都选择面南为正的设计,帝王宫廷面南,南面为帝,成为一种政治文化传统,周都丰镐、秦都咸阳、汉都长安、隋唐长安城莫不如此。但这几座帝王之都都面对着巍巍秦岭,高大的南山屏障于前,不免有闭塞之感。古人于是在建都选址时,便有意选择通谷大川作为建城之中轴线,让帝都之门正对这些通谷大川之口,中连以道路,使山川河流与都城彼此和谐,互不抵触,巧妙地消除了这一缺憾。

秦始皇营建帝廷阿房前殿,外有端门四达之城,北有磁石门,南则正对南山沣峪,表南山以为阙。将南山谷口两侧加建双阙,中拓道路,不但延长了都

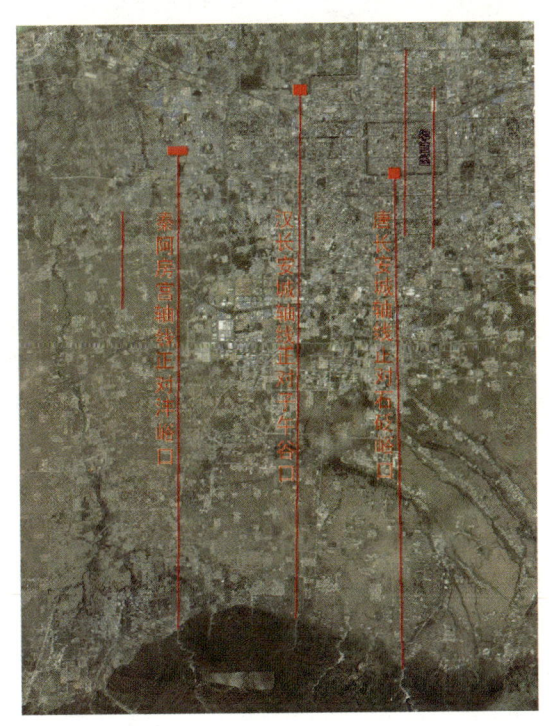

秦阿房宫、汉长安城、隋唐长安城之中轴线正南端皆对一条山谷谷口。这些谷中皆有古道,可通安康

城的中轴线，也进一步使自然的山川与人工的都城融为一体，营建出一种天人合一、磅礴大气的非凡形势。

汉时长安，使长安城南侧的正门安门正对秦岭子午谷。

隋建大兴城，使大兴城之南侧正门端对秦岭之石砭峪。

古人还根据北为子、南为午的方位规定，将正对都城之大道命名为子午道，子午道也就是中央南北大道之意。这条大道，中间设置雄关，控制启闭，有如天门，以烘托帝都占领中央的崇高地位。

在这种特殊的环境下，子午道已经不是一条普通的山间道路，而是升华为首都的配套工程，成为首都特殊的外延结构，成为庞大帝国的一种象征。至此，子午道已变身为具有特殊政治性象征意义的一条高级别道路。

到西汉末年，王莽的女儿做了皇后，对于风水形胜高度重视的王莽，也有意拓通子午道。他利用风水术家之说，声称这是因为皇后有"子孙瑞"而为。王莽此举给本来就身份不凡的子午道，再次蒙上了一层神秘色彩。

因各时代帝都位置不同，所以子午道北口也随之不断改变。周秦时代的沣峪口，汉时代的子午谷口，隋唐时代的石砭峪口，都曾分享过这份荣耀。其间的道路，也都曾得到过整修。这些道路经不同谷口进入秦岭后，则相互会合，会合后向南延伸的子午古道则相对稳定。

可以说，关中历代都城之南的子午道，与穿越秦岭的其他道路相比，除具有军事、经济、政治意义外，还多出了一种特殊的宗教意味。这种性质的道路，以往只出现在宗庙神社、陵墓和宫廷之间。而形成长达数百里上千里规模，与都城相配伍的特殊大道，在中国古代道路史上则是极为罕见的。

子午道大致北起西安，向南穿越秦岭，达于汉水流域的安康市一带。

但这条子午道自刘邦入汉中后，却沉寂了很长一段时间，历史上少有记载，直到近二百年后的王莽时，才出现"通"子午道。这可能是说，王莽通道之前，子午道是不通的。因为自汉武帝时起，首都长安和子午道间，开始隔有一处巨大的上林苑。作为皇家的禁苑，上林苑东至蓝田，西至周至，绕有苑墙四百里。《西京赋》载"上林禁苑，跨谷弥阜。东至鼎湖，邪界细柳。掩长杨而联五柞，绕黄山而款牛首。缭垣绵联，四百余里"①。

汉人自长安南下入蜀，多西出长安，先渡过渭水，于渭北西行一段，再南渡渭水，入褒斜道或者故道。这种走法，大约都是因有上林阻隔之故。

我怀疑，正是子午道被封死，才逼出了傥骆道的开辟。

子午道在历史上也是常常失去自我的一条道路，其本身最初的使命长期未得到彰显。这条道路设计之初，本是一条端南正北，直通汉中郡，南下巴黔之国道，却时不时被改造为通达南郑抵蜀的代用道路，故其北段大致不变，向南则往往离开古子午道偏西行去。且一偏再偏，最后一直偏到了西乡的子午镇。

这些西行道路，也被称为子午道。汉刘邦自子午谷入而达南郑，就已

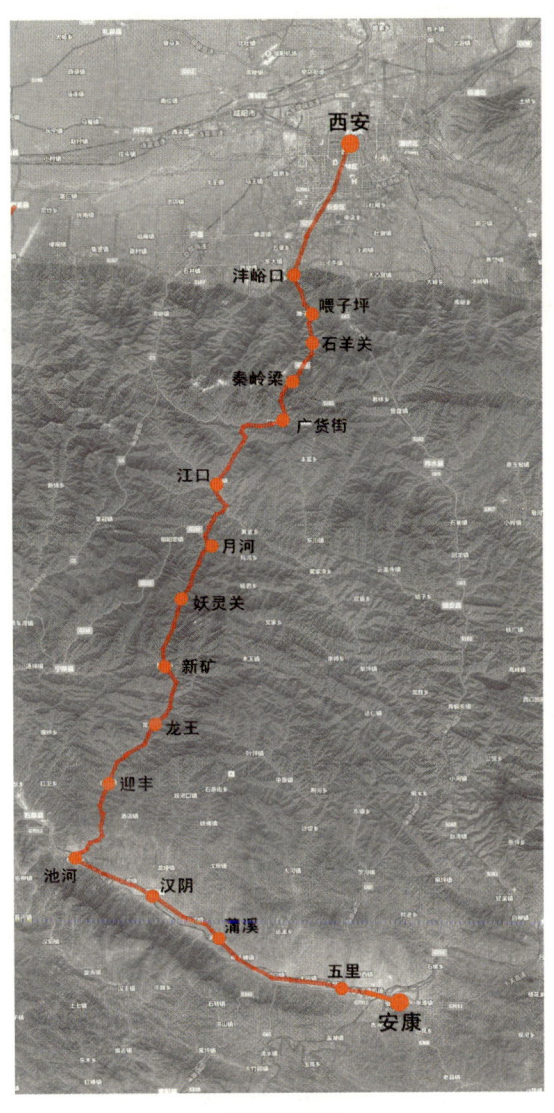

子午道线路图

---

① 张衡：《西京赋》，《文选》岳麓书社1995年版，第43页。

经不行正道了。东汉时期,由于西部战乱,褒斜故道不通,故长安入汉中也行此道。再往后,则王神念又另开干道,再次偏离,其南口唐时竟然偏至洋县西侧的龙亭。唐人自长安达汉中,行子午道全长八百四十一里,其间山路有六百六十里。

  子午道有两个节点左右变换。这两点都位于秦岭大梁之南,一为东侧的营盘,一为西侧的广货街。行营盘者,经孝义厅,为下安康之近道;行广货街者,经宁陕厅,为至汉中之便途。可以说:自营盘而下者,为古子午道;自广货街下者,为新子午道。至南北朝时,大峪诸道已经开通,南下安康,多行于大小库峪三道,达于营盘而南下。沣谷、子午谷,则成西偏汉中盆地之主道。

  现代西安通于安康的高速公路与铁路,才真正行于子午。

  今人所定子午道线路如下:

  长安—沣峪口—黎元坪—喂子坪—石羊关—鸡窝子—秦岭梁—广货街—江口—沙坪街—月河坪—铁门坎—古山蹬—戏楼台—太山庙—龙王镇—校场村—胡家碥—河口寨—青泥涧—池河—汉阴—五里—安康。

小寺解得大烦恼

  居于都市,事务繁杂,诸事萦心,难得寻觅到一处清静之地。不但现代社会城里人有此烦恼,连古代都市之人也有同样的感受。古人曰:"反者道之动",即以阴则阳之,阳则阴之之法,排遣这种烦恼。隋唐长安城曾是世界上最大最繁华的都城,也是所谓红尘如海之地。正如清泉解渴清静消燥,在喧嚣都城长安之外的悠悠南山中,也便生发出许多世外桃源般的寺庙。净业寺,便是这样一处香火自隋唐传承至今的清幽古寺。

  偶得机会,与友朋驱车径入南山,游了一番净业寺,归来好生爽快。

  自西安到净业寺,只有六十华里路程。出城向南沿着古子午道,自沣峪口入秦岭,沣水奔流,青峰夹道,行之数里,便见道旁一路蜿蜒进入山林,

子午谷净业寺山门

游人鱼贯而登。我等也随众而行,沿着石阶,盘旋上山。左野花,右竹林,前帅哥,后美女,一路但听呼兄唤弟,笑语盈盈。仰首何所见,有青天白云,清逸无尘。身旁何所感,轻喘加微汗,吐故纳新。九转十八盘后,狭窄的地势突然开阔,地势也变得平缓,一株浓荫老皂角树下,许多人在歇息,大树之后,净业寺的山门便赫然呈现在眼前。

这不是什么宏伟大寺,也不见惯常的金碧辉煌,山门朴素无华。但山风吹来,丁零零的风铎一响,门前那株老树也枝叶轻摇,有似主人迎客微笑。驻足看时,清风拂衣,对于游客来说,群山中这处古寺便自然而然生出一种别样意境。

据说,佛教传入中国之后,在其发源地的印度,竟然渐渐衰落。但佛教从此却在中国落地生根,开花繁衍。佛教文化与中国文化融合,焕发出新的生机,被发之扬之光之大之,出现了大批的高僧名寺,产生了许多新的思想与佛教宗派。特别是到了唐代,一时奇花纷呈,高僧辈出,接连涌现了一系列具有巨大影响的佛教宗派。按传统,最早创立某种宗派的寺院,一般被称为该派的祖庭。祖庭即为发源地,地位极高,相当于该派的圣地。如少林寺是禅宗的祖庭,创立者是达摩。达摩即为禅宗初祖,也就是开山祖,少林即禅宗圣境。

莫看秦岭山中的净业寺这一小小的寺院,其实也在世上声名显赫,因为佛教中的律宗便诞生于此地,它是律宗堂堂正正的祖庭。

寺门木匾上的"净业寺"三字,平平淡淡,自自然然,如同该寺偌大名气却寺院小小一般,都不甚张扬。

俗语说,天下名山僧占多,和尚里有的是好眼力之人。能否选择一处好山佳水为寺,关系到寺院的发达兴旺及事业绵长。净业寺所在处名为凤凰山,此山并非十分高峻,却青绿满眼,寺院北依翠峦,万树森郁,如同凤飞九天;门首南望秦岭,千峰起伏,有若群龙戏海。立在寺前,微风习习,胸襟开阔,说明此地风水环境果然上乘。

传说净业寺为道宣和尚所创。道宣弱冠出家,一心向佛,欲隐迹终南修行,他当初从长安入山,慧目四顾,一眼便相中此地,既远离俗世,又无跋涉之劳,知其吉美不二,遂于山中结茅清修。他悟习定慧,深研戒律,以大乘佛法入四分律,奠定东土戒律,成就律学一脉,后人遂尊其为南山律祖。从此以后,和尚们有了严格的修行规矩,为东传佛学的发展与兴旺打下了坚实的基础。

道宣和尚能开宗立派独步天下,绝非普通之人。道宣系初唐之人,以学问渊博知名海内丛林。当玄奘自西天取经归来,天下高僧助其译经,道宣和尚荣任第一撰文大师。他还常常与孙思邈在终南互参学问,有人考证,道宣可能还是《续高僧传》的作者。

传说他平生持律精严,生活简朴:三衣惟纻,一食惟菽,行则策杖,坐不依席。唐高宗为其行迹感动,特为他收回了僧人跪拜君亲之命,并于公元667年,下诏于净业寺建石戒坛。而道宣亦圆寂于是年,高宗委派名匠韩伯通为道宣造像,并令天下寺院画像供养。

净业寺经历代帝王推崇,名气大振,由此发端的律宗,也跻身中土佛家八大宗派之列。

　　净业寺僧也有精研医药的，传说天王补心丹就是古时此寺僧人所创，济世利人，甚有功焉。

　　一千多年来，净业寺虽隐居深山，却也经历了诸多劫难，今日之寺，亦是"文革"时被毁之后重建的。偏院残破的石塔，透露出几许寺院的幽幽历史。新寺不大，只有正院与偏院两处院落，但寺院洁净，清幽可喜。

　　很值得一提的是，净业寺不收门票，因此，虽山高路遥，依然游人如织，声名远扬。这种举措比之那些门票高昂、拒贫人于庙门之外的寺院，深得普度众生的佛法精髓。

　　如是我闻，佛说人若无慈悲心，舍施之多，即便如恒河沙数，亦无功德。可见，佛并不以财产多少量度功德。

　　二十多年前曾至日本高野山，见一佛殿中点燃着千万盏油灯，灯下各有姓名，那是舍油供奉祈福的施主。佛前供养一灯，名称很是奇怪，叫作"贫女之灯"。说古时有贫女，一心向善，然家境贫寒，无物可施，遂剪下满头长发，献于佛前。寺中长老深为感动，特为其点燃一灯，供于佛前最尊之处，命曰"贫女之灯"。又命后人时时添油，使之永不熄灭。高野山寺僧代代遵守，至今传之千年，其灯荧荧犹明。而至高野山寺中献灯供奉者，历朝历代，大臣名流不计其数，虽位尊财多，但皆排在其后。盖权贵万金之巨，贡献只是部分；贫女发缕虽细，却是倾其所有。我亲眼见到日本故相岸信介之灯都只能悬挂后檐。游人观此，无不叹息。

　　净业寺在眼下功利大盛的环境中，能做到不问贫与富，入门即有缘，是为众生平等。这种远见卓识，合于仙佛慈悲之心。"山不在高，有仙则名"的话，不就是说的这种情况吗？站到寺前，见老幼贫富坦然入门，我虽非佛徒，也不由口称善哉，合掌作礼。

　　不买门票，心境当然就好。烧香拜佛，人带微笑；随喜布施，不拘多少。喜悦而来，欣然而去。

　　一缕缕的香烟从佛堂飘出，隐隐传来一阵诵经声，间有木鱼的敲击声。

净业寺有一种远离尘世的清幽

看着出出入入的人群，我想：人人都在寻求。我入此寺，本无所求，无所求者，随便玩一玩而已。然似乎亦有所求，玩一玩也是为了散心，散心就是目的，有目的也就是有所求。心中喜悦，忘却了烦恼，也可以说是不求而有得。

明媚的阳光照着院里一丛丛鲜花，鲜花颤颤摇摇，分外娇艳。从庭中菩提树下仰望，阳光下，树叶明明暗暗，或呈浓绿，或呈淡绿，有些叶子几乎成为透明的，其上绿色的脉络，一丝一丝清晰可见。静立此境，不由想到释迦牟尼，当年他于菩提树下，证法七日七夜，不知是否也见此景。一花一世界，一叶一菩提，有生皆情，万物平等。阳光穿过菩提树叶，又变作许多光斑，洒落在院中青砖之上。风吹树动，地面诸多光斑亦随之摇曳变幻。恍惚中，自己仿佛在光影里，也与这些花叶一般光照透彻，通体清畅，无有尘埃。

下得山来，又见汽车穿梭，尘土飞扬。入城之后，更是万车如流、人密似蚁、酒绿灯红、五色眩迷，真有复坠凡间之感。待过得一段时间，沾染了烦恼，再来入山，寻寺觅庙，洗心涤尘吧。

光影摇曳对丹崖

古栈道所在皆险要地段，不惟石壁陡峭，其下还多是激流乱石，常常是只可远观，难以近睹。一般的调查，只能获得部分栈道的信息，所以有时必须攀爬至栈孔处，就近测量，观察分析。我在调查长江三峡大宁河栈道时，许多高悬于绝壁上的栈孔，皆可望而不可即，加之时间紧迫，留下了许多遗憾。所以，调查时但凡能攀爬上去的栈孔，若条件许可，都尽可能上去一看。

调查栈道最渴望得到的，首先是栈道旁的题刻，它们往往是打开栈道时代之谜的钥匙。而时代的确定，正是栈道研究中最困难的地方。但历史非常悭吝，并不轻易给我们这种机会。即便有幸发现古代题刻，大多也已经风化，字迹难辨，或者字迹浅细，或者生满绿苔，或者与斑驳的石壁混于一起。此时,便要不怕蛇虫毒刺、陡壁深潭,爬到跟前,辨别是否真为字迹,如是文字,还要记录所刻内容。

我在秦岭常遇趣事。爬沣峪三重栈时,一只小鸟从栈孔中急急飞去,近前一看,里面已经建成了一处小小的鸟窝,它们住在这里,倒是风雨无畏。于是小心而过,不去动它。还有一次,调查另一处栈道,攀上一处临河陡壁,探头向栈孔望去,不看则罢,这一看险些失足跌了下去。里面许多黄黑相间的细腰大马蜂,正在一只蜂窝上忙忙碌碌。我骇得手脚冰凉,大气也不敢出,悄悄退了下去。这些蜂一旦对我轰然攻击,我必定会摔下几米深的河中。后来,我拍下了这个可怕的栈孔,那张照片一直保存至今。

栈孔其实有许多学问,比如有一种栈孔,孔底一面开凿有一道"丫"字形浅槽,用于向外排水和透气,防止插入其中的栈梁腐烂。这种栈孔中,插入的必然是木梁。这种浅槽的出现也说明,因水浸气蒸造成的栈梁根部朽烂,古时已经成为一种大患,所以生出这种专门的预防方法。我们甚至可以想象,突然折断的栈道与其上倾翻跌落的行人车马,是何等的惨状。汉《郙阁颂》说郙阁栈道"遭遇溃纳,人物俱坠,沉没洪渊,酷烈为祸。自古迄今,莫不创楚",所描述的正是古道上常常发生的可怖事故。

有蜂窝的栈孔与有排水槽的栈孔

秦岭北坡的河流,大多比较短急,比降大,河谷窄,沣河河谷也是如此。沣河出山口一带多为峡谷,栈道密集,保存也比较多。像净业寺下黑龙潭一段河谷,就有多处栈道遗址。黑龙潭南侧有一段河流,大致呈东西向,其南岸一处陡壁,下面河水荡漾,石壁上错落分布有一些圆形栈孔。但这些栈孔并非一层,而是有上中下三层。

初看到这三重栈道时,发现有这样多的栈孔,颇为兴奋,这又是一处有点规模的古栈道。但细看之后,很快就又陷入疑惑,这三层栈孔孔形大小比较一致,开凿手法如一,它们究竟是什么关系,是同时修建的,还是先后修建的?为什么会出现这种情况?我在栈道下徘徊了很长时间,也没有弄明白其间道理,只好失望而归。不过此事一直在心里纠缠萦绕,挥之不去。以后每经其地,几乎都忍不住要光顾该栈,琢磨一番,但竟然一直无解。

有一次,时间较为充裕,于是涉河至对岸,又对着这处栈道,一孔一孔、一处一处细品。

黑龙潭南三重栈道

太阳已斜，还是没有答案。不知哪里来的一只飞虫，在旁边嗡嗡地飞，如同侦察机，来看此人何以在此呆坐。突然，虫儿又飞得无影无踪，周围只余下哗哗的单调流水声，此外一片寂静。大自然似乎故意和人为难，它是不是觉得一般的考古题目出得太简单了点，不富于趣味，所以必让你九曲百转、费尽精神，才能解开一个题目。

恍惚之间，突然感到岩面色彩斑驳，隐隐摇动。细看之下，原来太阳西斜，此时正好映照至岩下水面，反光上石，水波微动，而石壁上的斑驳光影亦随之摇曳不止。此时看那石壁，如同不是僵硬的岩石，而是变活了，也在悠悠晃动。突然，心中灵光一闪，石壁摇动……莫不是石壁发生过崩塌，造成栈道改建？

顺着这种思路，再细看那石壁，果然发现一些地方岩石色泽不同，这些地方石色较他处微微深一些。既然同一块岩石，同一石面，同一石质，何来深浅不同？渐渐地，看出了一点名堂，此处确实发生过崩崖。原来，新崩岩石边缘一般锐利，这些锐利的边缘经过水冲冰冻，消解风化，会慢慢变得圆浑。岩石新崩落处的岩面，色泽较深，多呈黄色或土红色。此处石壁上浅红色部分，即为崩岩后露出的较新鲜岩面。发生过崩石的岩面，经过日晒雨淋，也会慢慢褪色，但它们毕竟比原来的岩面新鲜，有所区别。当从老岩面中区分出崩岩面后，再看栈孔的分布，就一步步理出头绪来。

原来最早的栈道处于下层，距离今水面不远，由于河水冲击、岩石风化等，栈孔所在处的大块岩石崩落，道路中断，不得已，人们将道路升高一层重新开凿栈孔。但为时不久，此处再次发生崩岩，二次栈道也无法通行，于是再次升高，开凿了第三层栈道。其实，第三期栈道建成后，依然发生崩岩，影响了栈道的通行。栈道所经处一而再再而三地崩岩，逼着人们进行修理改道，于是造就了三期栈道遗迹。与崩岩后露出的较新鲜岩面相比，下层栈道右侧栈孔中断处的岩面也是一处崩岩，但其处石面已经严重风化，可知两处崩垮时间有相当的间隔。这些迹象说明从第一期栈道的开凿到第三期栈道的废弃，应当有较长的一段时期。

由崩岩分析入手，方解开了其中秘密。这次醒悟，竟然是得益于光影的闪烁，不能不说是大自然的微妙启发。

提着鞋子，从乱石间涉河回归岸边，此时身心顿感一阵莫名的轻松。

归来步行出山，沿着公路慢慢行走，一阵凉凉的山风吹来，令人颇有疲惫之意。天色渐渐昏暗，行经一处谷口，见东山之巅，一弯月牙慢慢升起，皎然如玉。忽然想起李白那"暮从秋山下，山月随人归"的诗句，他大概也是这时下山的罢。

不过，我可没有那么多闲情逸致，因为还要赶班车，再晚就麻烦了。月色峰影，就让它留在深山吧。

红树嘴栈槽

从沣河黑沟口栈道的河谷中爬上来，踏上归程。

高大深邃的秦岭，云遮雾绕。云隙中，偶然会露出一堵接天绝壁，上面尽是层层叠叠的狰狞怪石，让人不由得想起古人所说的"乱石崩云"四个字来。可是，我无心欣赏这些，天已黄昏，还没赶到喂子坪，前面至少还有二十里才能出山。我感到非常疲劳，即便硬撑着走出大山，也早就没有回西安的车了。

天色越来越暗，我站在路边，一阵山风吹来，只觉身上湿汗津津发凉，四周高耸的山峰，如同一群身躯巨大的怪兽，围观这孤独的行人。一种说不清的逼迫和威胁感向我袭来。转过山弯，前面已经有了灯火，那是喂子坪，不能再走了，我决定住下来。当年还没有什么农家乐，喂子坪路边有家小店，可以住宿。

那一夜，我就住入了深山小店。

吃了一碗热面，人舒服多了。好在有床，不是地铺，同室还有一小个子中年人，自称是香客。只是被褥又黑又潮，和衣而卧，听着河水哗哗的声音，渐渐睡去。

夜半小解，摸出门外，但见月色皎洁，云雾散尽，四周大山黑黝黝的，河水冲击大石，月光下浪花飞溅。我站在水边，感到阵阵寒意，想起古代的旅人步行穿越秦岭，不知要度过多少这样的夜晚。

这样的经历非止一次，让我深刻体会到古代深山行旅的艰辛与心境。

次日天已放晴。干脆沿着这沣河河谷，踏着山露，再调查几处栈道。

秦岭子午谷的栈道遗址，虽因谷中修公路、采石已经被破坏了许多，但还是有些保留，比之其他诸谷，所存最为密集。也有些栈道处于深谷，人迹罕至而未被发现，如能找到这种栈道，便算是我的好运气。沿公路而行，经过一处山嘴，道路一个急弯，绕而过之。从路边下望，河谷深陡，下边似乎有处峡谷。根据经验，一般峡谷处多有栈道，这处峡谷我尚未到过，踌躇一阵，决定下去一探。但下沟并无路径，于是从公路边攀树揪草而下，中间多有公路上滚下的乱石，足下无处着力，曲曲折折，扎手挂衣，总算下到了沟底。前面出现一处峡谷，果然险窄，沣河从中流来。后来方知，这就是红树嘴峡。

前行数十步，远远便看到峡谷东侧有栈道遗迹，令人惊喜不已，真是不虚此行。

这处栈道处于峡谷东壁北侧，自水面之上即有栈孔，上面两米多高处也有一些栈孔，中间则是一些乱七八糟、长长短短、大大小小的石阶。像这种乱象纷纭的栈道工程遗迹，都是经历多次工程，前坏后修，毁而再建，相互叠加打破形成的。对于这类复杂的遗迹，必须一点点观察分析，去理顺每期工程的系统、道路的形态，并且寻找其间相互的早晚关系。这也是研究栈道最费心思之处。

一边拍照，一边观察，远观近看，甚至要涉水到河中，到了中午，终于分清了其工程。原来，此地有三期道路工程，第一期是栈道，留下圆形栈孔一排，构建位置较低，临近今沣河水面。第二期也是一排圆形栈孔，但高度则比下面的栈道上升了两米多。第三期放弃栈道结构改为垒石道，用许多大石，贴石壁堆积为道路，其路面高度大致与上层栈道持平。那些乱七八糟的石阶，就是垒石时开凿放置石块的小平台。从令人眼花缭乱、乱麻一般的工程遗迹中，抽丝扯线，弄清条理，让人大松一口气。我对自己这一次能现场快速完成这种分析，很是满意，当然，这也得益于它结构清晰。要知道，以前遇到这种现象，会糊涂很长时间，甚至一直拆解不开，如同死结。

这段三层结构的栈道遗址只有二十来米，是峡谷北侧的栈道，并未完全穿越峡谷。要观察其向南延伸部分，便要涉过深点的水，才能绕过山嘴。沣河之水清澈，看着很浅，也许很深，我就曾上过当。于是返回岸上，折一树枝，边测边行，绕过了峡嘴。

更令人惊异的现象出现了。原来垒石道南端变为石槽结构，这道石槽也绕过石嘴向上游延伸，竟然长三十来米。几近水平的石槽，如同一条带子，横勒于峡谷东岸的石壁上，异常引人注目。在观察北面三期工程时，虽然已经看到了石槽的北端，但并没有想到它会有这么长。这道人工开凿的石槽，北端槽内残存有石条五段，其结构比较特殊，当为插入槽中的石板道。这是一种罕有的石构栈道，以前并未见过，我将其取名为槽板栈。

红树嘴栈槽长达三十来米，在石槽中插入连续的石板，才能形成从崖壁伸出的石板路。如欲保证石板坚固路面平整，则无论石壁开槽或者石板加工，对测量施凿加工都要求甚严。另外，栈槽所处之地并非平直的崖壁，道路左右有些弯曲，如欲取得缝隙较小的路面，许多石板就要凿为梯形平面进行拼合，这也要现场修凿。

可以想象，这处石板并成的栈道，路面不会太宽，单骑通过也要小心翼翼。

但是，红树嘴这处槽板栈，在秦巴古栈道中却是一种罕见的结构。它的发现，说明中国古代栈道结构之繁、种类之多往往超乎我们的想象。

让人惊喜之事又现！河对岸石壁上也出现两组栈孔，这两组栈孔，不见头尾，来去无踪，并且还可能不是同一期的，情况比较复杂。这一小小峡谷，竟然保存着至少四五个时期的栈道工程遗址。想那古人修起栈道，真是前仆后继，顽强之极，而且非要从这里通过，可见，红树嘴峡也是一处咽喉要地。

红树嘴东岸栈孔与栈槽

红树嘴西岸栈孔

非常遗憾，这些栈道应用的时间还不易判断。目前看来，这里面槽板栈是最晚的栈道，它的下限，或许一直应用至现代公路开通前。红树嘴栈道不仅自身结构复杂，它们与河谷的关系、其反映的河谷变化，则隐藏有许多疑案，是另一组非常值得深入探索的题目。空山无人，流水匆匆，对着山崖呆看多时，反而又糊涂起来。我看青山多妩媚，料青山笑我有点傻。看来这些秘密，只能慢慢去磨、去化。

已经下午二时多，肚中饥饿难耐，只好依依不舍离开。

沿河寻路而归，还不时回头张望，如此复杂、如此富有挑战性的古代栈道遗址，怎不让人喜爱有加。

山崩地摧寻古道

李白写栈道之开辟，惊心动魄，诗曰："山崩地摧壮士死，然后天梯石栈相勾连。"考察栈道，独立深山，常常会有意想不到的奇遇。有时，还真能感受到一种山崩地摧有如史诗般之恢宏大气。

秦岭中的观音山地处子午古道旁，其地奇峰峥嵘，高耸天外，河中怪石盈谷，飞瀑悬流，是沣峪中景色最佳之地，时常游人不绝。我至其地已经多次，不过从未登上山顶，有些遗憾。因为每至其处，多在河边游走寻觅栈道。其地沣河谷深，又是古道必经之地，按照常规，应当是栈道分布的重要地段，但是多次考察，却少有栈道之踪。这一现象令人疑惑不解。所以，到秦岭游玩时，也常常找机会在此徘徊，希望有所发现。

在河谷深处转得久了，什么栈道痕迹也没发现，颇为失落，也想上高坡散散心。当地沣河西岸半坡有一高坪，上有一小村，名曰玉皇坪，早在农家乐未流行时，我就在村中吃过村民的饭，虽然只是稀饭、土豆、浆水菜，但很香。坪边有块巨石，我最喜欢站在上面看四下风景。

有次又上此石，恰天气晴朗，山川历历，隔着沣河河谷，可以看到对面长峰连绵的万花山，身后则是观音山主峰。观音山主峰比之万花山更高峻，那一堵插天绝壁直上云霄，映着碧天流云，很是耐看。回首下望，沣河深谷中累累巨石，公路便在石缝间穿越。这些巨石，小者如屋，大者如楼，如此巨大的石块，寻常水流根本无法撼动。看了一会，陡然想起：既然水流难以撼动，那么，这些巨大的石头，又从何而来？再一想，上有绝壁，下有乱石，莫非是山崩之象？细审山谷形势，地层结构，果然与山崩之象处处吻合。

原来此地是秦岭一处东西大断层带，地质活动剧烈。不知何年，观音山突然发生巨大山崩，乱石倾泻入谷，堵塞了河道。河谷被堵，沣河无法下流，上游就壅出一巨大湖泊。这种湖泊就是所谓的"堰塞湖"。早期的堰塞湖，水满之后便从上面溢出，当然有许多跌水瀑布，从乱石上流下。后来水溃湖干，古湖中的一些沉积遂残留于山坡。观音山主峰下那处河谷中罕见的玉皇坪，尽为乱石与淤土结构，且淤土高出河底许多，这些现象，不正是山崩和古堰塞湖结构的残留吗？想到此处，再审视山谷中累累巨石，对历史上这处大山崩的规模不禁骇然，那突然暴发的山崩地摧，惊天动地，乱石崩云，烟尘弥漫，其地无数动物植物转瞬即痛苦死亡，思之如在眼前。这场山崩，也许还伴随着一场大地震。

而现在这个小山村，却宁静地坐落在这一高坪上，炊烟袅袅，偶尔传来一声鸡鸣。面对此境，可能没人能想到，历史上这里竟然发生过那么恐惧的一幕。也幸亏有了这处残留的淤土，才让这一小山村，得以在其上发展，成为陡峭山区难得一见的高"坪"。细细打量这处山崩遗址，规模之大，堪与著名的翠华山山崩遗址媲美。

这些乱石填塞谷中，山崩时，河旁边如开凿有古栈道，必然会被压在乱石之下，后人寻之，当然无踪无影。想到此处，不禁大喜，似乎自己已经找到了此地当有栈道而又没发现栈道的秘密。

但是，严格地讲，说此地河谷中古栈道为山崩乱石所压，只是一种推测。最早的栈道，距今也不过两三千年。如果山崩发生于五千年前，那么，下面河谷当时还不可能出现栈道，也就谈不上山崩乱石覆压栈道的问题。反

沣河河谷中的栈孔与孔中石梁

过来说，如果栈道出现以后才发生的山崩，那才可能在乱石之下压有栈道。

这个问题，说起来有点搅缠。前提是我们假设这里因河道狭窄山谷深陡，古代修建过栈道，然后在此基础上进行推演。简而言之：先有栈道，后发生山崩，才可能乱石压栈道；先发生山崩，后修栈道，则栈道应当出现在乱石之上。今乱石上未发现栈道，则山崩压栈道的可能性很大。

这里面，山崩发生的时间最重要，但山崩遗址，专业研究者也很难弄清时代，是一大棘手问题。

观音山下这一地点，既有人工古道穿越，也有自然山崩遗址，可以说是历史事件与自然事件交织之地。考古学家与地质学家都可以在此调查，如使两种研究互相参照，岂不美哉？

考古学当然可以给地质学帮忙。我在坪上小村四下游荡时，发现村中有一处小庙，旁立有一座明清风格石塔，石花斑驳。这座石塔，是此地现在能看到的最长寿"老人"，它似乎说，我来此地已经数百年，并未见到什么大山崩。这一石塔建在小坪之上，可证此玉皇坪比石塔更古老。小坪因山崩而生，也就是说，山崩应当发生于明清之前。

至于其时间上限，"之前"前到什么时间，我们只能说，不确定。历史时期，关中发生过多次大地震，也有记载终南山崩的。如东晋大兴四年（321），终南山崩即被历史记载下来。这次山崩，子午道必然中断。翠华山山崩，亦发生于唐之前。子午谷这段河谷如此险峻，古道经过时理当有一些栈道遗存，却一直未曾发现，只能怀疑栈道被压于巨石之下。如果真能在巨石之下发现古栈，则其意义又岂止只在历史？

栈道研究，涉及河谷的演化与古道的变迁，可以与自然科学挂钩，所涉亦广矣。

石羊关天险难越

深入沣河河谷数十里，子午古道上有一处石羊关，两岸奇峰高耸，中间夹峙着窄窄的峡谷，形势奇险。石羊关之得名，在于峡谷高耸的东峰之巅有块突出的大石，酷似一只羊，在悠悠飞云之下，昂首望天。这只石羊远远看上去并不太大，似乎如一般所见石羊大小，真正近前，则发现其大如屋，并且非是人工斧凿而成，纯为一块天生巨石。这只石羊跪踞高峰之上，如同关门忠诚守护，俯临峡谷，阅尽古今。雄关激流，再配上这么一尊如同雕塑的奇石，真乃天地造化之作，让过往之人莫不惊叹。

石羊关不但是天生险地，也是人造险境。古代的子午道由此通过，古人借险设关，又在这里营造出一段军事防御工程上的奇迹，使石羊关成为道中险要关隘，成为帝都长安南部的一处防御门户。

在历史记载上，长安正南有子午关，其位置在沣河谷道中。《元和郡县图志》曰："子午关在（长安）县南百里。王莽通子午道，因置此关。"

第七章 子午道

沣河河谷中的石羊关峡

如今沣河谷道中存有一处子午关,其地在喂子坪南一公里处。那里也是一处峡谷,同样可以设关防御。这两处峡谷相去不远,都可以说是"县南百里",但两者相比,石羊关更为险要,以军事防御来说,石羊关也更适合断道拒敌。考虑到古人设关之地可以变化,所以,石羊关可能也曾是古代著名的子午关。但石羊关之名,不见经传,只是民间之名。细察其地,石羊关峡谷之南不远,河谷即展宽为一片开阔之谷地,其地有一小村,名曰"关石",这一带有"关"字的地名,也许就是古人于此设关留下的痕迹。古代重关之旁,必有驻军之处,关石这处开阔河谷,正好可以扎营立寨,存粮屯兵,从这一条件看,石羊关也是设关佳地。

数千年来,子午道屡兴屡废,中杂以战乱,故关于此道早期之记载数量不多,纵然有些传说,也丧失几尽,给后人研究古道关隘带来不少困难。这处古关,虽然据分析有可能是古子午关,但却没有证据。最后的希望,就是有无相关的碑刻摩崖。在周围搜寻,于西岸石壁上发现一处摩崖石刻,令人欣喜。细看其镌内容,外凿横向扁框,内有文字,皆为楷书。中横刻"苍生霖雨"四个大字。前书"恭颂二口监侯谢大老爷德记";尾署"北路沣峪阁属绅民顿首百拜大清光绪二年仲夏日谷旦谨铭"。这是一处清代所刻功德记,没有说明颂赞谢某何功何德,不知与古道有无关系,不免令人失望。

但其为北路沣峪阁属绅民所颂，专门刊刻于峡谷之中，很可能为一处修路桥之功德记。

石羊关左右两峰夹峙，高逾千尺，中间一道长约五十米的狭谷，最窄处仅有三十余米，真可谓"双崖倚天立，万仞从地劈"。子午古道除行峡中，别无他路，在这里保存有栈道桥梁遗址。可惜的是，早年修建公路，许多栈道遗迹已经遭到破坏，难以窥其全貌。但保存下来的这些栈桥遗址，依然可以展现出它的复杂结构与巧妙设计。

从现存遗迹看，古道循沣河东岸向南而行，至峡谷处无路落足，遂就石壁开凿栈道而前，至峡谷中心栈道突然中断，而借河谷中一块巨石架桥跨越急流。这块巨石之西南，还有一块较小的石头也被借用，再建一跨桥梁而越，再西南，则乱石纵横，道路遗迹渐隐。从这些遗址看，古道跨越河流后，沿西岸继续南行，出峡而达关石村。

峡谷东岸栈孔，高出河面五米左右，残长约四十米，有方孔，亦有圆孔，大致可分为上下两层，似乎为前后两期遗迹，其南端中止于绝壁之上。中止处石壁出现一些石台与大孔，下部有平列的三个圆形斜柱孔，从结构上看，当为一架桥遗迹。与此相对处，是河谷中一块自然巨石，两者相距十二三米，桥梁当跨建于东壁与巨石间，将河中这方巨石当作桥墩。巨石顶部甚平，高度与对面石壁上的石台相当。其上有人工开凿的方形大石槽一对，还有其他小一些的方形孔，外侧间距约两米，当为一处桥墩。此大石后还有一块较大的石头，可以当作另一桥墩。

从以上遗迹分析，峡中道路先借东壁栈道接近巨石，然后架桥越河。这座桥梁，东侧一跨最大，其下为河谷主流，其西为第二跨，跨距稍小，再西未发现痕迹。推想当年这座古桥，连以栈道，飞跨激流，横穿奇峡，行之惊心动魄，观之有如图画。古人再于桥头倚险设关，盘查行人，战时则断桥而守，真有一夫当关、万夫难开之势。

这处栈道，已经显示出二期工程遗迹。而其下距离峡口不远处，河谷乱石上，也发现有几处桥梁柱孔。由此看来，古道在其地有过多次变更。

千年历史已经逝去，石羊关残留下的这些让人充满幻想的遗迹，已经很难完整地复原古关之形。后人面对这些遗址，只能在心中各自构建不同的雄关古道、诗画山河。

绞绡红透仙姑碥

沿着西安至安康的国道考察古道，一路穿越重峦叠嶂的秦岭，沿奔流的乾佑河西岸行进。大山纵横间，山路渐渐陡险，忽见公路旁出现一条条红布挂扯于道旁，不知是什么意思。这种红艳艳的布条，重重叠叠挂在公路旁，绵延不断，在绿色的大山里，如同一条鲜艳壮观的红色长廊，格外引人注目。沿路行到红布最密集处，发现路旁崖壁上坐落着一处香烟袅袅的小庙，额书"仙姑庙"，那些绵延于道路的红布，就是围绕这处小庙而悬。遂下车而入。

仙姑庙位于乾佑河的西岸，贴山而建，下临国道，这里山势陡峭，地方狭窄，庙宇只有数间，旁建焚化炉一座。虽是小庙，却香火兴旺，善男

乾佑河公路旁绵延的红布

信女、行人客商、礼拜仙姑往来不绝。奇者为其还愿方式，除了放炮上香之外，就是在通达庙宇的道路旁边悬挂红布，曰"搭红"，大还愿甚至要"搭红千尺"。于是青山之下，庙旁道上，出现一路鲜艳夺目的红布，沿着这些红布，很容易将人们引导向仙姑庙。我们正是这样才注意到仙姑庙的。这种别出心裁的还愿，如同高明的商业广告，还会招引更多的来人，真没想到当地山里人还有如此创意。

本来说看个稀罕就走，不想看了几眼庙前贴的仙姑介绍文字，竟然一下子被吸引住了。因为这个地方名叫"仙姑碥"，要知道，碥就是碥道，也书为砭道，是在山区石岩上开凿出的一种道路。许多古道上都有这种碥道，这里的碥道，不正是我梦寐以求的古道信息吗？细看文字，说仙姑本为明时附近赵湾民女，随其父发愿修路开碥，道成而出家，遂为仙姑。出家时，抱鸡牵线而行，所以庙中所塑仙姑形象就抱一鸡。而后人沿路牵挂红布，也就是纪念仙姑牵线入庙，为人引路。民女得道，仙人抱鸡，挂红牵线，指引迷途，这种纯朴形象的神仙，才真正是老百姓的神仙。这种小庙，也才真正是民间的庙宇。虽是传说，背后却隐隐透露出许多关于古道的信息。

特别是仙姑因修路开碥而成仙，可以算是路神，仙姑庙当然也可以算是道路之庙，与我研究的古道有关。古人曰，道者道也，就是说修道如寻路。

我一直以为，真正的古子午道应当行于乾佑河谷道，却苦于证据不足。乾佑河岸这处"仙姑碥"的出现，可算是一处重要线索。仙姑碥所在处山高河深，扼乾佑河谷古道必经之地，古代行旅，也最易于此求神拜佛，乞求道路平安。所以，这处仙姑庙，也当是古道上的重要文化现象。

是夜读《三省边防备览》，见其上有《洵阳修仙姑碥路碑记》，正好记载着仙姑碥。文中说其地原来险峻难行，"云栈浮水面，逶迤一线，而路又中断，水深不可迳涉"，后始改凿为碥道。系道人程本真发愿修之，得当地官民捐助完成。其碥"纵九十丈有奇，横七尺，自上凿险，或八九尺不等，自下累石，亦如之。经始于乾隆四十五年某月日，竣工于四十七年某月日。糜钱约千缗有余"。原来这处碥道未建之前，道路本是架空之栈道，碑文中称之为"云栈"，栈道下临滔滔河水，逶迤一线，甚是险峻，而栈道一断便无路可行。河水甚深，不可迳涉，此时行旅只能滞留两端。幸有道人程本真发愿开碥，官民相助，合力完成了改栈为碥的这项大工程，终令艰难古道成为山间坦途。

有意思的是，道人程本真究竟是什么身份，为何由他来发起修路活动？我想，他必然和这段道路有关，且应当就是仙姑庙的道士。程本真所在的庙供奉着仙姑，仙姑就是因开道而得道成仙，她的庙门弟子继承祖志再拓古道，也在意料之中。

程本真这次开碥道就有"九十丈有奇"，其前仙姑父女也开过碥道，这些工程，大部分都是改栈道为碥道的工程。可以想象，在未开碥之前，这里可能有着几百米长的栈道。古代那"栈道千里，通于蜀汉"的众多栈道，也就是这样随着历史被凿去，一点点减少，一段段变成了碥道。

当然，我少不了在庙左庙右寻找古碑，前前后后访问老人，沿河踏勘栈道碥路踪迹。可惜，因公路多次重建，古道不是被开路石渣覆盖，就是因开路炸去，已经很难寻觅。"文革"中旧庙被毁，后经重修，碑石摩崖也毫无眉目，令人不禁怅然。转而又思，虽然如此，幸道路不断，香火未绝，路庙随时而变，亦天下大势。恍兮惚兮，古道之影响，尚存一丝，亦可以释怀矣。

修桥补路也算是古代的慈善事业。道士利用宗教号召力进行公共事业，比之政府更有优势，事成而人无怨言。这在中国历史上，算得上是一种很好的社会公益活动。当然，经过此举，道士也扩大了他的庙宇和神主的影响，此后之仙姑庙，香火可能也越发兴旺。

古代的仙姑庙，左右远离村落居民，孤处深山，临路而建，主要香客施主，应当是往来行旅。可以说，仙姑庙是因路而设，因路而兴。所以，这一耸立于古道边上的仙姑庙，香烟袅袅，红幛满路，亦有可观者焉，岂仅仅一小庙哉？

众里寻她千百度

子午道是一条开辟于先秦时期的古道,在中国历史上,是一条很不寻常的道路,也是秦巴诸道中最神秘的一条古道。每当我踏上这条古道,心里常常会浮现那"子午"二字,挥之而不去,感到这条道路还有很多秘密,等待世人解开。

一条越山的道路,会有什么秘密,有什么不寻常之处,又会有什么神秘的地方?说它不寻常,说它神秘,绝不是我故弄玄虚、胡思乱想。因为"子午"这个名字,本身就很深沉,就与众不同,就意有所指。以它命名的这条道路,也就不是为道路而道路。子午道或许是建都于关中的帝王,以道路为形,架构出的一代代帝国的骨架,一代代王朝之中脉。在统治者眼中,它或许代表着帝国的气运。

中国古代的方位体系,常以十二地支的符号表达,十二地支即"子丑寅卯辰巳午未申酉戌亥"。将十二地支匀列一环,平置于地,以子位对正北,午位对正南,则方位皆出。自环心指向子位者,即正北;自环心指向午位,即正南;自环心指向卯位者,即正东;自环心指向酉位,即正西。连接子午之线,即南北线,曰"子午线";连接卯酉之线,即东西线,今曰"卯酉线"。所以,颜师古才在注中说:"子,北方也,午,南方也。言通南北道相当,故谓之子午耳。"所以,子午道从名称上看,即正南北之道也。

子午道的名称,在战国时就初显端倪。《战国策》张仪说赵王曰:"秦一军塞午道。"午道,鲍彪注曰:"长安有子午谷,北山是子,南山是午,午道,秦南道也。"更早的西周时期,也隐隐有一些子午道的影子,不过罕有资料。在秦时,子午道已经有了通行大军的记载,刘邦数万部队从杜南入南山,进入汉中。

今人所定子午道有二,一条是自沣河入谷,由青岗树道越秦岭,至广货街,然后沿旬河至沙坪,越山进入池河谷道,南下至汉江旁的池河镇。另一条也是越秦岭至广货街,然后斜向西南越腰岭,经子午河通往汉中方向。纵观此二道,自北而南,都斜向西南,实为两条自长安奔向汉中之斜道。

但古人所说子午道并非如此,而是一条端正的道路,并不倾斜。面对今人所定的子午道,我很是疑惑。它们可能是后期的子午道,但这两条斜路,是否断定为古子午道,则疑问重重。

古子午道就是早期秦汉时期的子午道,严格地说,就是王莽时与之前的子午道。翻开《汉书·王莽传》,上面有这样的记载:"子午道从杜陵直绝南山,径汉中。"①时为西汉元始五年,即公元5年。品味文中"直绝南山,径汉中",感到班固文中用"直""径"二字,着力不小。他用此二字,分明是在强调这条道路的特点。我们再来看颜师古对此所注:"子,北方也,午,南方也。言通南北道相当,故谓之子午耳。"所以,古子午道,必然是比较端正,且是南北向通往汉中的。

"子午道从杜陵直绝南山,径汉中。"说的就是子午道从杜陵正南方向直通汉中。话说到此,可能有人要问:"汉中在长安之西南方,若通汉中,则道路就不能正南。若道路正南,则不能达乎汉中。"其说法初闻似乎有一定的道理,但细考之,却是大错特错。

之所以说大错特错,那是因为,秦与西汉时的汉中,指的是汉中郡治,其地点,在今日的安康市一带。而今日所谓之汉中,当时的名称是"南郑",属于汉中郡治所辖。《汉书·地理志》:"汉中郡,秦置,莽曰新成,属益州。……县十二,西城、洵阳、南郑、褒中……"《汉书·地理志》叙事,一般将郡守所在地置于第一。正如《后汉书·郡国志》所说之体例:"凡县名先书者,郡所治也。"②由是可见,当时汉中郡治处于西城县,即今安康。而今日所名汉中者当时尚名南郑,只是汉中郡的属地。还有一证:《仙人唐公房碑》曰:"王莽居摄二年(7),君为郡吏,……是时郡在西成,

---

① 《汉书·王莽传》,中华书局本,第4076页。
② 《后汉书·郡国志》,中华书局本,第3385页。

安康月河上的桥梁依然有"十月成梁"风习

去家七百余里,休谒往来,转景即至。阖郡惊焉。"①西成即西城,说明西汉之西城郡治地在安康。此碑自城固而言,城固县距今汉中仅不足百里,而相距七百里,又为郡府者,必是安康。

大约在东汉时,汉中郡移治南郑,其地方才有了汉中之名。

明白秦与西汉时的汉中在今日的安康市一带,那么说秦汉子午道向正南达于汉中,就易于理解了。

说秦汉时的汉中郡在安康并不十分贴切。因为当时的郡治,在今日安康市的西北二十里处一个名为五里镇的地方。古汉中郡治在汉江之北,后才迁至江南。

说子午道是从杜陵正南直通汉中这样的说法,有些人并不以为然,认为山间道路不可能径直,径直不过是形容词而已。有些人则折中之,认为古子午道先行于池河道,然后改为今子午道。

按照"径直""子午""南北"这种思维,去审视历史上子午道中的池河道、子午河道,虽然皆名子午道,其道路方向却不符合于"子午"之义。故真正的古子午道,或另有其途。

---

① 《金石萃编》卷十九,《仙人唐公房碑》,陕西人民出版社影印扫叶山房本。

司马迁说"栈道千里,通于蜀汉",是说栈道自秦通蜀通汉,这也可以理解为中央通往汉中郡与蜀郡的两条大道。通蜀则最便近的道路是故道,通汉则最直接的是子午道。

秦岭诸道中,多取地名为名,如褒斜道取褒谷与斜谷之名,武关道取武关地名,唯独子午道以方位取名。这一异常也证明子午道别有特点,不同凡俗。但这样一来,我们也失去了子午道出入的山谷之名,对后人研究子午道的路径造成迷失。从两千多年来变化纷杂的古道中,如何寻找藏身其间的古子午道,尚须探讨。

寻找的方法,是从两端入手,先定入谷之口,再沿历史上的线索,自然山川之取道条件进行连接。探寻中把握"子午"即正南北之原则,把握"径"即径直、直达的原则。通过这种方法,古子午道便可能慢慢从迷茫的历史中显现出来。

那么,古子午道的北端在何地?按《汉书》的说法,即自杜陵始。杜陵有二义,一是汉宣帝之陵墓,一是汉代的杜陵县,这里当是从杜陵县邑南下。汉之杜陵县在何地?当在今西安唐延路南端西万路口旁之杜城村一带。其地曾出秦杜虎符,也就是战国时的杜城。《汉书·地理志》曰:"杜陵。故杜伯国,宣帝更名。有周右将军杜主祠四所。莽曰饶安也。"汉宣帝时改为杜陵,至汉元始五年,杜陵尚未被王莽改名。由杜陵北上,正对汉之中轴线安门,由此南下,正对汉子午谷口。

我在研究关中历代都城时,特别注意到这些都城的中轴线,它们都与"子午"二字有着密切的关联。子午道的北端,正对都城南大门,它的道路,是首都中轴线的南延部分,它的南端则是汉中郡城。这种具有特殊的象征意义、政治性颇强的道路规划,必然要尽量遵从子午之义,也就是说,要尽量取直取正。按照这种思维审视历史上数条南行之道,它们虽然皆名子午,其道路方向却不符合子午之义。故真正的古子午道,或另有其途。

古子午道的北口,秦时为沣河谷口,其北正对秦阿房宫。阿房宫是新咸阳城的核心建筑,阿房宫前殿是帝王朝殿,是秦帝国设计之中心。古子午道的北口,汉时为子午谷口,其北正对汉长安城南侧的中门安门,安门内为贯穿全城中心的安门大街。沣谷与子午谷这两条山谷内皆有古道,最后向南会合于山内五十里的喂子坪。所以子午道北段,虽秦汉小有不同,但都通过喂子坪则是一致的。自喂子坪向南仅有一途,直到大坝沟口才道分两路。所以,我们可以将大坝沟口作为古子午道的必经之地。

子午道北端既定,那么其南端又位于何处?我们按照北端都城正对谷口之例,也在南端按此寻找,看当时的汉中郡治(今五里镇)有无北上入山之途。立即发现,今五里镇之正北有条付家河,付家河谷也是一条进入秦岭的古道。这条古道一直向北八十里,翻越古路堂或者铁尺关,进入旬河河谷,然后有二途到达长安,一途沿旬河上溯经江口、广货街越秦岭,一路沿乾佑河上溯经镇安、营盘越秦岭,皆可进入沣河河谷。所以,古子午道当在此二道中选择。

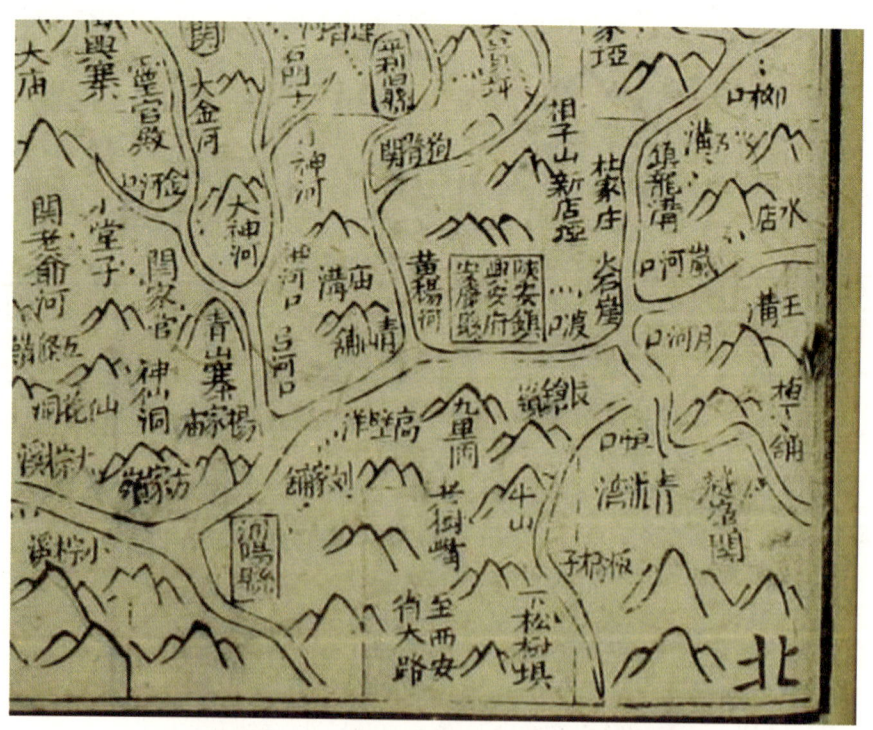

《三省边防备览》秦岭南坡五里镇古道旁注有"至西安省大路"

古子午道南部还有水运之利，这对古人来说尤为珍贵。《三省边防备览》："小舟名独撑子，载货粮七八石，由仁河进者，可至猴子三湾，由乾佑河进者，可至下茅坪。"①

东汉的都城迁往洛阳，子午道失去了神秘的宗教使命，降身为一条普通的道路。何况政治中心转移后，这里维护一条正对旧都的子午大道，不但无多大用处，甚至也是一种政治忌讳。东汉时，通蜀的故道为羌人所据不通，故行于褒斜，而褒斜复断，遂行子午。此时，子午道越秦岭后，就要向西斜以入蜀。当褒斜道开通之后，朝廷就"罢子午道"而不用。

回想起来，我家的老宅原处于西安的和平路一带，后搬至小寨西侧，如今住的地方，在西万路口。我先后所住三地，都处古都的中轴线上。老宅在大明宫之中轴之上，小寨的家在隋唐长安的中轴线上，最后又来到汉长安的中轴线上。如此巧合，也真和子午道有些缘分。

---

① 严如熤：《三省边防备览》卷五"水道"上，道光三年（1823）刊本。

第八章　大宁河古道

　　大宁河是长江北岸一条不大的河流，这条河流汇入长江的地点又处在险象环生的三峡之中，因此一直少为人知。后来爱好旅游的人们发现，这是一条躲藏在深山的美丽河流。它水色碧绿，清澈透明，没有一丝污染，清纯如同处子。它穿越巴山一条条凶险深陡的峡谷，两岸绝壁千尺，怪石逼人，它的自然环境与民俗风光，保持着历史的原始质朴，构成了一道长长的世外桃源般的仙境。大宁河的下游有三处峡谷，最早被辟为景区，其地游人如织，这就是著名的长江小三峡。

　　与此同时，考古界也在这一峡谷中发现大批古栈道，令专家们深感惊骇。这批古栈道规模巨大，在峡谷中连绵一百多里，是中国现存规模最大的古栈道群，之前罕为人知。中国历史上记载的"栈道千里，通于蜀汉"之壮丽图景，有些人一直以为是夸张之文学语言，但面对大宁河栈道遗址，顿时目瞪口呆，不得不信。

　　遗憾的是，如此古迹，如此美景，随着长江三峡水库逐渐蓄水，将大部淹没，或面貌大变。为此，与打出"告别三峡"口号一样，旅游部门也打出了"告别小三峡"的口号，而考古界则开始了紧张的库区文物的抢救清理工作。当年，我也夹杂在人流中，风尘仆仆地赶到了大宁河，进行古栈道的调查。

　　大宁河古栈道虽然规模很大，但历史上却少有记载。传说张献忠当年屠四川，这里已经基本无有人烟，当地早期之文脉史料俱已中断。而现在的居民，大都是后来"湖广填四川"的移民，因此，连有关的传说也很少，大宁河古栈道的历史，已经成为历史之谜。

乘船沿着小三峡的峡谷而行，仰首可见一排排黑黝黝的栈孔，寂寞地处于高峻的悬崖之上。究竟是谁，花费如此力量修建这条栈道？这条深峡古道上当年的行人，从何而来，往何而去？他们是什么人？同样不得而知。这一切都是谜，都是待解之谜。

大宁河古栈道，如从上游的宁厂算起，至下游长江边的巫山，粗计存有六千多栈孔，分布长度八十余公里，可谓规模宏大，气势惊人。我总感到，如此一项大的道路工程，绝不会无头无尾。为此，除详细对这段栈道进行调查之外，还自己决定突破调查计划，对其两端进行延长调查。调查发现，它的两端都存在着古道。结果，大宁河栈道变成了大宁河古道。这些穿山

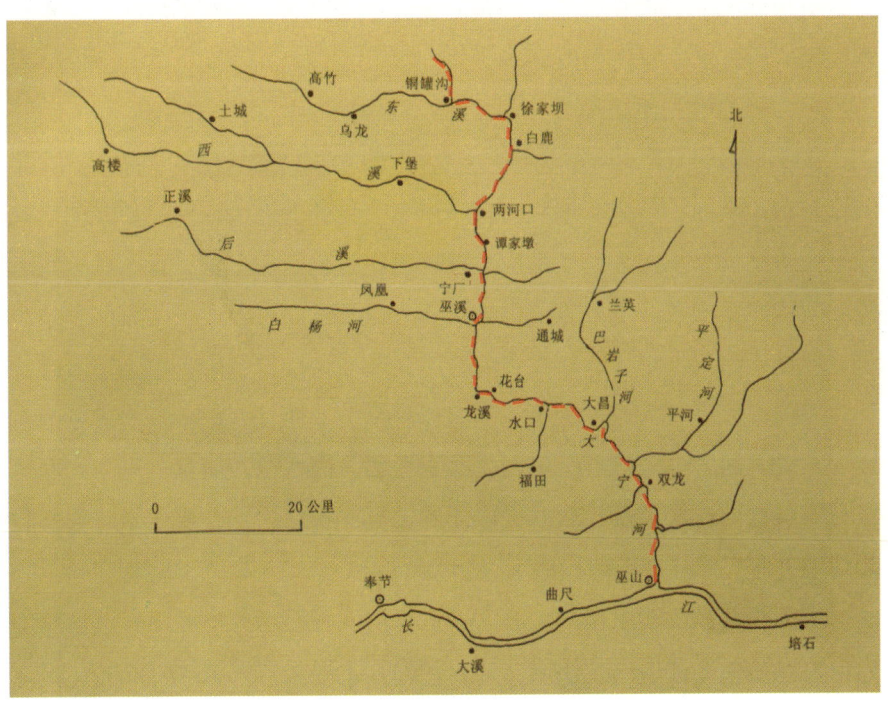

大宁河古道线路图

越水的古道，也延长和开拓了我的思路，让我看到了一幅更为辉煌和壮丽的历史景象。

大宁河古道，北自陕西、重庆、湖北三省（市）交界的鸡心岭起，向南入铜罐沟，进入大宁河上游，沿河谷向南，经徐家坝、白鹿、两河口、大河、双溪、宁厂至巫溪县城，再南穿越庙峡，经大昌镇，进入小三峡，一路经滴翠峡、巴雾峡、龙门峡、巫山县城达到终点。严格地说，大宁河古道只是安康至巫山古道的南段。

剪刀峰遇险

2000年，因三峡大坝即将蓄水，我得以进入长江支流大宁河，主持调查大宁河古道。如此机缘，真乃三生有幸。沿着这条绿得透明的河流，穿越绝壁连绵的峡谷考察栈道，一路之上，古迹美景，应接不暇。而此番调查所经所历，也令我终生难忘。

剪刀峰遇险，便是其中一事。

大宁河是长江北岸的一条小支流，古称巫溪，又名盐水、昌江。这条河流发源于陕西、重庆、湖北三省（市）交界处的巴山南麓，从北向南流经重庆的巫溪、巫山县，于巫山县城东侧注入长江，全长二百零二公里，流域面积四千一百八十平方公里。对于万里长江而言，大宁河只能算条小河，但这条河流虽小，却峡谷众多，风光瑰丽，在我看来，称大宁河的景观为海内一流毫不为过。大宁河不仅风景绝美，而且有一条极为神秘的古栈道萦绕其间。这条栈道是中国现存规模最大的栈道，而且，至今人们也没有搞清这处古栈道是什么时代修建的，也弄不清为什么要在如此偏僻险峻的地方修建这样规模的栈道。

剪刀峰是矗立于巫溪县城之北、大宁河峡谷西岸的一座山峰，这座山峰拔地而起，上部山峰分作两岔，双峰尖耸，形如剪刀，故得此名。峰旁不远另有一石柱高耸，号称"裁尺"。将奇异的山峰与剪刀、裁尺相关联，也不知是什么人想象而出的,也许是一位女子的眼光。剪刀峰下的峡谷,也就称为剪刀峡。这段峡谷之下,河岸也有一段古栈道。

剪刀峰下是峡谷最窄险处,河谷仅宽六十米左右,而剪刀峰相对高度则在一百六十米之上。其地形势险恶,下边是大宁河的急流,紧贴着绿色湍急河水的是剪刀峰临河绝壁,绝壁直上百米,上面植被不多。古人为穿越峡谷,于剪刀峰下临河石壁上曾开凿一条栈道。但这条古栈道也不知是何年何月开凿,架构早就不存,仅在石壁上留下一排当年安插栈梁的石孔。一处处石孔边缘皆已经风化,内部的凿痕也模糊不清,看来早已废弃,历经沧桑了。

调查大宁河栈道的同时,我看到了另一条让人一见便永生难忘的道路。那条古道翻山越岭,起伏盘绕于这段大宁河西岸,可以说是与大宁河栈道平行的一条古道。没有公路之前,除了废弃的大宁河栈道,它是这段河谷中唯一的通道。它不太采用栈道结构,却善于在险坡陡壁间堆石叠路,像剪刀峡这样无法逾越的天险,它硬是从山峰顶部翻越了过去。古人称此道

大宁河剪刀峡

艰险："蜀道蚕丛不易行，几多天险未裁成。奇峰恰似并州剪，剪却崎岖路自平。"[1]

我当时已经感到，大宁河栈道大约是秦汉时代的栈道，而且应用时间不长。那么，这条道路就是栈道废弃后一两千年间上下游人们往来的大道，它的历史至少也有将近两千年。如果考虑到栈道修筑之前，春秋战国时代这里就有人烟的话，它的诞生，还要前推，也许就有两三千年之久。想到此处，让人不禁兴奋不已。

本来我的任务只是调查大宁河谷的栈道，但这条古道实在太诱人了。它穿谷越涧、跨险翻山的丰富工程技巧，比之单一的栈道更有看点，这些工程，基本上采用的是现代文明没有进入此地之前的传统工艺。在我眼中，它的历史价值并不亚于大宁河栈道。现在，它就在我们身边，怎么办？如果放弃，也许就再也没有机会调查，这条道路就会慢慢从历史中隐去，以至永远消失。

与和我一同考察的丁镇华先生商量后，遂下决心，调查古道。今日先行登山，考察剪刀峰上那条古道。

我们离开东岸简易公路，穿过悠悠摇晃的一座铁索桥，过了大宁河后，桥西头便是剪刀峡栈道的北端。此地有一小山湾，长约二十米，湾中巨石旁涌出一股与水桶一般粗的泉水，与清澈的大宁河水相比，水有点浑浊。但这口泉水会变，雨后泉水大，旱时泉水小，很有意思，这股泉水或与地下溶洞或暗泉有关。

剪刀峰上的古道废弃数十年，早已无人行走，路断棘横，上山极难。我们由北坡攀登。路荒则拔草斩棘而行，路断则从旁攀缘而上。这段道路，路宽一至一点五米，除起头处有段土石路外，一路上依地势采用石凿碥道、垒石道、石阶等为路，路间穿越一谷，谷北为一陡壁，道路依石壁叠石，

---

[1]《中国地方志集成·光绪大宁县志》卷八《艺文》陈杏昌诗，巴蜀书社、江苏古籍出版社上海书店，1992年据光绪十二年（1886）刻本影印。

堆为斜上之阶,达于对岸,阶道甚窄,而石阶已崩落,道路中断。上至山顶,道路稍平,通过一处小垭口南行至山梁最高处时,从峰脊当心切出一人深的石槽,道路从石槽间通过,此即大垭口。其地海拔高约四百米,高出峡谷中的河面近二百米。剪刀峰南为一深谷,道路至此中断,无法南行。只见深谷对面道路,逶迤越谷向这边而来,但如何上至峰顶,却因足下深陡,无法看到,此时只能望谷而叹。想来只有到深谷对岸,方可看到登剪刀峰之道,那段道路当比北坡更加险陡。

剪刀峰古道颇险

　　山上有段古道,尽由大大小小石块堆叠而成。高山之上,纵然有些碎石,数量也不会太多,哪来如此多的石块砌路?思索半时,不得其解。偶一回头,看到那处石槽,才恍然大悟。原来,古人于山间修路,凿石开路时凿下这些石块,都不抛弃,而是用来筑路修桥。而开采石料时也不胡乱开采,而是选择道路,将其凿宽展平,顺便取得石料,所有工程都算而后行,取高填低,尽量一举两得。这种做法不但省工省料,而且省时。那处石槽大约也是取石时乘机所开之路,让越梁之人少攀几步山。

　　于是我沿叠石之道慢慢行走,想再寻一寻石上凿痕。走到路边,忽然足下一块石头滑落,我一下踩空,摔了下去,我急忙想抓住什么时,那一大堆石头连我在内一齐溃散,向山下滚去。慌乱之中,我拉住了两枝小灌木,许多石头已经滚到岩边落了下去。旁边老丁吓得大叫,我心砰砰乱跳,怕手中的细枝扯断,此时,见不远处有株大点的灌木,小心翼翼爬到跟前,紧抓不放。

定下神来,发现自己已滑下五六米,处在一个乱草坡上。再下去五六米,就是绝壁边缘,下面就是二百米深的大宁河谷,滚下去必死无疑。

可以说,这些小灌木救了我。

回到路上,照相机还没摔坏,活动活动也没有骨折,只是头上一处血印,身上多处疼痛,最重处是左臂,擦破一大块皮,血从衬衣中渗出。

山顶这处叠石古道,石头大多不方,边缘有些圆,石块也不太大,所以容易溃散。想到古人挑背重物行到此处,更易发生事故。千百年来,也不知有多少人失足送命,魂断青山。

下得山来,老丁一直数落我胆大,叮咛千万不可再冒险,不要拿生命开玩笑。说老实话,我没有玩胆大,只是没料到在这阳光明媚、奇峰叠秀、山花烂漫处,竟然隐藏着这么凶险的杀机。

剪刀峡中,大宁河水还是那么绿,那么急急流去。我们却走得很慢,这一天,成功登上了剪刀峰,虽有收获,却历一大险。对我而言,此时能慢慢走在路上,已经算是死里逃生。

夜看资料。清咸丰四年(1854),宁厂盐灶大户沈昌德捐修县北门外至大宁盐场石路三十里,则剪刀峰道也在此次捐修之内。光绪十一年重修之《大宁县志》卷一引《舆地纪胜》曰:"(宋)开宝六年有旨,以县境近盐井泉十七里,置大宁监。"大宁监是当地管理盐业生产的机构,相传其地即设在剪刀峰北的门洞。从文献上看,这段古道至少在宋代已经产生。

孤独白龙过江

不得不说的是,大宁河栈道调查结束以后,虽然收获很大,但也留下了许多遗憾。

栈道本身就是为越险而设,构架于绝壁之上,但是,如果你沿栈道而行,渐渐就会发现,栈道并不能解决一切道路险阻。古道上,险中有险,难中有难,让古人头痛之事颇多。

比如,在绝壁连绵的大宁河峡谷中,古代的栈孔成排地开凿在高于水面的岩石上,这说明,栈道构架于石壁上沿河谷而行。但石壁有时突然中断,一道深深的山溪注入宁河。此时的古道,就必须跨越这条深沟才能前进。古道如何跨越,古人采用了什么技术便成一大问题。我们能看到的,只有山溪南北大宁河谷石壁上的栈孔,而越沟的道路工程却渺无痕迹。

穿越沟谷的疑问没有解决,而古道如何穿越瀑布,更是令人感到神秘。

白龙过江,便是横在大宁河古道间的一处瀑布。

这是庙峡中一处悬河形成的巨大瀑布,位于庙峡南口内两千六百米处,北距巫溪县城约十公里。这条悬河古称龙溪,自右岸绝壁上倾注入大宁河谷,高约一百多米,底部宽约四十米。平日水小,瀑布下的山岩,青苔碧绿,千缕万缕白丝静如珠帘,一阶一阶地悬于青壁之上,日光斜照则彩虹五色,眩目动魄,颇为美妙,是庙峡中最佳景观。当雨后上河洪水暴涨时便完全改观,形成一股巨大的白色激流喷泻而下,直穿峡谷跌于左岸,吼声震天,水雾迷茫,船工惊心,蔚为壮观,故号"白龙过江"。光绪《大宁县志》曰:"珍珠帘,《府志》:在县南二十五里峡中,水自山顶飞瀑而下,溅织如帘,故名。"又曰:"白龙过江,即珍珠帘水。久雨水发,由山顶直喷对岸,远望如匹练横空,榜人[1]呼为白龙过江。舟过其下,虽盛暑亦觉寒生肌栗。此境非亲历莫喻其妙。"[2]

庙峡风光幽险,比之小三峡,毫不逊色,再加上这处罕见的白龙过江,让它比小三峡又多出一份雄浑壮阔。白龙过江,可以说是大宁河上让人过目难忘的绝景。

---

[1] 即船工。
[2]《中国地方志集成·光绪大宁县志》卷一《地理》,巴蜀书社、江苏古籍出版社、上海书店,1992年据光绪十二年(1886)刻本影印。

白龙过江瀑布近观

作为考古工作者,我们关心的就不只是什么绝景了,更重要的是古栈道如何从这条瀑布下穿过。为此,我决定专门考察一次当地的栈道。

庙峡长约十公里,两岸几乎全是陡壁,峡谷中无有人烟,无有道路,只有石壁上一排绵延的古栈孔。要到处于峡谷中的白龙过江,只有乘过往的船只。当时巫溪县城往来于巫山的船,每天只有五六艘,早上去下午回,都是定点航行,当天往返。我找到船老大,说要到白龙过江,他听后有些吃惊，因为那里绝少有人去，但还是同意了。我知道那里不是码头，请他回来时能接我一下，船资可以多付。他告诉我，大约下午三四点就能回来，让我在江边等船。

于是我怀着欣喜的心情上了船，大宁河上航行的船不大，客货两用，但都是机船，速度很快。入峡不久，便望见那条阳光照耀下高悬的瀑布。船只慢慢停下，我跳下江滩，那船便突突而去，不一会，就消失在远处的峡谷中。

白龙过江瀑布之下，为一长长的白石滩，踏着水洗般干净的卵石，走到山岩下。深谷长峡之中，碧绿的大宁河水翻着白沫奔腾而下，空山之中，举目四望，只有我一人。风吹水流外，偶尔听到一两声鸟鸣，便归寂然。身处其地，真有一种青山寂寞、碧水空流之感。

这处瀑布虽高，下面宽二三十米，声音却并不喧嚣。因为它此时水小，且是一级级流下。瀑布北侧有新建木栈梯一段，系近年观光所建旅游项目，因私人投资，被旅游公司喝止，废立瀑旁，任风吹雨打，无人问津。其为木结构，状如古栈，游人往往迷惑，视为旧迹。旁边沙滩上有白色巨石一堆，上有近年所书"白龙过江"标记。因无有游人，在这峡谷中，也显得空空荡荡。

时间紧张，得赶快调查。先要沿河岸寻找古栈道，在瀑布北约五十米处始发现栈孔，并向北延伸。于是折而南行，瀑布下有一乱石台阶，从湿漉漉的乱石上跳过。跨过瀑布一路搜索，南行百米间尽是乱石结构，直至三百米外才发现栈孔。也就是说，以瀑布为中心，这三四百米间，栈道中断，并无栈孔。那么古人至此，如何穿越？是用栈道、桥梁，还是徒步？让人颇为不解。

瀑布流经的石壁上生满青苔，根本看不到有无栈孔。瀑布底下尽是乱石，石下或者石上有无建桥或者建栈道的柱孔，也得一步步探查。但看来看去，什么痕迹也没发现。一不小心滑了一跤，坐在水中，裤子立即湿透。手扶一块大石，爬起之后猛然想起：瀑布下分布着这样多的乱石，说明什么？这说明瀑布不光是有流水下泻，水大时，也挟带有大量巨石倾下。那一时刻，任你何等坚固的桥梁栈道，都会瞬间被从天而降的大石摧毁。

到了此时，我突然感到心中纠缠百结的疑问，渐渐有了头绪。

细细想来，小三峡之古栈道早已废弃，自废弃而至今，其间何止千年。而千百年来，不知瀑布发过多少次大水，上面不知跌落多少巨石，这些石头，旧去新来，不断更替，上面怎么能找到千年以前的古栈孔？而且乱石之下，也是巨石胶结的石面，并非基岩，即便上面有什么柱孔柱洞，千年冲刷，千年石砸，地面早不知被消磨多少层了，又安能从中找到石孔？至于流水下泻的石壁，千百年水冲石磨，这种侵蚀同样也很强烈，同样会将石壁消磨去很多，造成瀑布后退。那石壁之上即便有古栈孔，也早就化为石屑沙粒，怎么会安然如初？想到不久前，自己还用树枝石块，在瀑布流水下长满青苔的石壁上乱扎乱敲，企图找到一处藏在青苔下的栈孔，不禁哑然失笑。那真真是傻瓜勾当，徒劳无益之举。

总之，这里根本不会保存任何古代栈道或者桥梁遗址。虽然，古人如何通过瀑布的问题并未解决，依然悬着——也许，古人正如我走过瀑布一般，从这里踏石通过——但这一次的探寻工作，应当结束了。

想到这里，心中不由一阵松弛，方感腹中饥饿，也觉得浑身疲乏。带有饼干，就着洁净的瀑布流水，边吃东西，边欣赏瀑布。

太阳正当头，从百米之上而降的瀑布，铺在巨大的生满绿苔的石壁上，并不是一下飞落到底，而是一阶阶一层层跌落，那水流，如珍珠，似琉璃，晶亮晶亮，泛着阳光，带着雾气，跳跃而下。瀑布下面是绿茸茸的衬底，上面是白亮亮的水花，色彩搭配竟是如此明净美妙。站立其旁，瀑布飞沫溅至脸上手上，细如雨丝，凉酥酥的，但感空气清新湿润，沁人心脾。按科学的说法，这里可能有无数负离子，飞舞弥漫于空中。

拍了些照片，裤子也慢慢干了，看看手机，才一点多，离约定的上船时间还早。

太阳已斜，渐渐隐入高山之后，阴影也悄悄进入峡谷，刚才还明媚万端的景色，立即变得阴暗。只有对岸的山腰以上，峰岩高树，还阳光灿烂。但此时峡谷上方不宽的天空反而显得更加蔚蓝，白云擦着山峰，悠悠而过。这里峡谷深陡，峡谷内部阳光照射时间自然短暂。正如郦道元描写的长江三峡："两岸连山，略无阙处。重岩叠嶂，隐天蔽日。自非亭午夜分，不见曦月。"这种境界，不意今天我也深刻感受了一番。

突然想到，何不利用这段时间，设法测量一些栈孔？

大宁河的栈孔，大都开凿在陡峭的石壁上，很多栈孔下都是激流，无法接近。少数处于干滩上的栈孔，也必须渡水上滩才能测量。宁河看起来清澈透明，但水深流急，一般人不敢下去。特别是巫溪县城之下，峡深水大，沿线少有立足之地，所以，取得的实测数据很少。想起在瀑布北边曾见一处栈孔之下石壁较缓，似乎可以攀上，于是便沿谷寻找。

找到地方真是不难，爬上可就吃力了。这处栈孔高于水面约十米，高于河滩也有七八米，虽然石壁下部光滑，但上部生有小树可以借力。整理一下，在岩石上寻眼觅缝，小心上爬，终于到了栈孔之下。一手扣着岩石，一手抽出钢卷尺，量了栈孔方口的长宽。二十三厘米见方，让人一阵欣喜。

有人会说，量个尺寸有什么欣喜的，其实，这里边意思大着呢！

考古常要爬上陡壁，接近栈孔观察

栈孔二十三厘米见方，和我测量的大宁河下游龙门峡口栈孔、马渡河口栈孔、上游剪刀峡栈孔，尺寸大小都比较一致，这说明数十里间，几千个栈孔大小基本为同一规格。别小看这一对比，它暗示我们，大宁河栈道的修建是统一规划、同一标准。当然，也可能是同一时期建造的。如此巨大的工程，如此整齐的规划，很大可能是一次国家工程。特别是这个二十三厘米，更令我心动。它可是秦汉时期的一尺之长，再推下去，大宁河栈道，采用这种标准尺寸，会不会就是秦汉时期的产物？

多少年来，这条栈道都没有发现任何显示出时代特征之处，因此，对它产生年代或猜测是唐，或推论是汉，纷纷纭纭，没有结论，所以，今天的数据就太有意思了。想到此处，还应当再量一下孔深，挣扎着又上攀一点，算是量到了孔深。看到旁边还有一孔，那一孔，孔口方方正正，开凿得相当干净，不由爱极。可是，那孔与身边这孔，距离有二三米，尺子太软，远了够不上，也看不准，人必须横移过去才能量上。在陡峭石壁上，横移比上下更难，试了几次，都无法到达。听到好几艘船先后从河中开过，我也没在意。最后，只好从石壁上退了下来，重新打量上攀线路，抓着一棵小树，才爬了上去。折腾一个准确的数据，就是一身汗。可是，得到一个有意义的数据，那种喜悦真是充满胸中。倚在石壁上，想到今日瀑布下虽没探得什么，却在这里取得了二处重要栈孔尺寸，可谓失此得彼，意外之喜。

正在此时，又听到一阵突突突的船只发动机声，我心中猛然一惊，呀，忘记等船了！别把我留在这里走不了！回头一看，一只下游上来的船正从河中开过，行到附近稍微减了下速，立即又加大油门向前开去。我爬在岩壁上，根本来不及下去，急得大喊停船，可是已经晚了。没有人听到我的呼喊，船只突突突地开走了。我跌跌撞撞地从石壁上下来，沿河边追边呼，我认出，这只船正是我约定的那只。船只渐渐远去，只留下河中激起的波浪，一阵阵拍打着滩沿。我失望地站在河边，心中一片茫然。船老大减速了，大约看到河滩没有一个人影，便没有停船，他怎么也想不到，江岸石壁上的树丛间，还贴着一个人。

峡谷中渐渐昏暗，远处山峰上还剩下几片阳光，看看表，快四点了。

怎么办，错过了约定的船，后面还会有船来吗？

我懊丧自己犯了个大错误，今天再没有船只经过，我便要一人在这空旷幽深的峡谷中，熬过一个漫长清冷饥饿的黑夜。站在渐渐阴暗的石滩上，中午那明媚阳光、碧绿河流，都已消失，好像一场梦一般，阵阵寒意袭来，不知是河谷的风开始冷了，还是我心中涌出的悲凉。

此时的我，真有"猿鸣三声泪沾裳"之感。

我期盼着能再出现一只船，不管它是上行船还是下行船，只要能带我走出这个清冷之地就行。

可是，一个小时过去了，空山依旧，河水长流，没有一丝船的影子。站在河边，望眼欲穿，到了这个时候，可能已经没有船了。我的心愈加沉重。

下午五点多，山峡下流，突然隐隐传来突突声，这声音，让我的心也突突而跳。但愿是机船的声音，一会儿，果真有一条机船转过峡湾，向这边开了过来。

我老远就不断挥舞衣服，唯恐船老大看不到我，或者不知道我要上船。事后想来，当时船上的人看到的我怕就像漂流到大洋孤岛上的鲁滨孙，拼命打着信号，向海面上遥远的船只求救。

船只在离我不远的地方开始减速，我渐渐看清高坐驾驶室内船老大的面孔，对他，对他开的这只船，充满了感激之情。

船只一声长鸣，薄暮中驶离了这片河滩，驶离了那依然层层而流的白龙过江瀑布。

独走铜罐沟

铜罐沟是大宁河上游的一条山谷，古道翻越高大的鸡心岭，自陕西、湖北进入四川，便沿这道深沟而下，进入大宁河谷。鸡心岭为大巴山中一座高峰，坐落在川陕鄂三省交界处，旧时号为鸡鸣三省之地。今川渝分治，鸡心岭依然是陕鄂渝三省市的界山。可以说，鸡心岭下，铜罐沟内的这条道路是大宁河古道最北的一段。谷中古道全长约十六公里，民间称三十五里，自谷口始，要攀爬千米之上，方至山梁之顶。对北上之人而言，铜罐沟则是攀登鸡心岭的必经之途，行于此道，汗湿衣衫，辛劳异常，有如傥骆道上的"四十里吊沟"，许多老背夫提起这段路，都念念不忘。

我一直想体验一下这段古道，找了个机会，终于踏入了铜罐沟。

大宁河古道多缘水而行，自徐家坪北上，经猫子峡，至一处名叫唐垭之村，始离开河谷，折入铜罐沟。唐垭旧多店铺，尤其是饭店与脚店为多。在此问了道路，买些吃食，便右转入沟。铜罐沟内古道，如今已少有人行，一个外地人背着挎包，提个相机来到此地，异常引人注目。但也有些好处，有人会主动和我搭话，问路或问过去的老事，不愁没人回答。

进入沟口，内有一段峡谷，名观音峡，长约一里。此峡狭窄幽深，水急石滑，道路甚陡，谷底最窄处仅五米，宽者亦不过十多米，两岸绝壁直上，仰视仅一线天。峡中这一里路，溪流纵横，足下多湿，委实难行。但峡中道路，已被拓宽，可通小车，不知古时道路如何，想来不会太顺利。

出了观音峡，眼前豁然开朗，进入一个小小盆地。有一小村坐落于此，村周竹碧如翠，稻黄似金，间有一两声鸡鸣，如同世外桃源。回望观音峡口，已然隐于绿树丛后。但见一山如扇如屏，陡直竖立映于村后，真真是一幅美丽图画，观音峡道，便穿此山而过。晋人张载《叙行赋》中，记他自陕至蜀所见，中有"蹈偏梁之悬阁"，"石壁立以切天"之句。这种"立以切天"的石壁，多是地质大断层形成。面对此景，久久不忍离去，但想到今日行程，不敢多待，遂前行。

行之不远，右侧有一简易小学，门前有一小道盘山而上，不知通向何地。问之老乡，曰古时于峡口设关，盘查行人，检搜私盐。有些人为了逃关，由猫子峡下游行此小道上山，抄到观音峡上口，归于正路，避开了铜罐沟口与猫子峡两处峡谷，也避开了关卡。这条小路，要翻上高出路面约三百米的猫儿山，长四五里，皆为土石路。闻听此说，心中立即明白。原来，古时关卡,平日征税查奸,战时阻敌防御。所以关卡之旁多辟有小道,可以偷渡逃税。这种道路就是一种间道,古代军队攻关,常常利用这种小道,绕于敌后进行袭击。这就是"明修栈道暗度陈仓"之技不断在历史上重演之因。

这让我又想起宁厂盐卡的小故事,其地走私食盐,技巧甚多。民国时,盐以"砣"为单位,一砣重八十斤。有一种走私方法说不上砣,小偷小贩只是将衣服浸盐晒干,穿上混过卡子,回去将衣服中

观音峡内口的景观

的盐再煮出来。一种是卡子旁建有一座小庙,庙中和尚热情招揽过往盐客,其神甚灵。行人入庙后求佛保佑,如多投香钱,则会平安过卡,二砣算一砣;少投,则容易被查出;不入庙者或不投香钱者则严查不怠。盖和尚与盘查者有暗号联系,共同发财。还有一种大盗豪强,成百上千砣盐公然从卡而过,卡兵视若无睹。至于小路间道,虽无关卡,亦有混子闲汉于路敲诈勒索,抽头分利。说透了,这就是经典的"黑白两道":关卡是官方谋利之地,间道是山大王、地头蛇之类的谋利之地。在旧社会作生意,黑道拜码头,白道走关节,若不明事理,不走江湖不拜码头不打通关节,则处处碰壁,寸步难行,很难做成生意。旧时社会其间弊病甚多,甚至官匪相互勾结,难以尽述。

沟内道路盘曲，两侧山崖多为灌木小树。路间有几家农户，农家之后尚有一些老树，枝叶茂盛，甚是可爱。据说古时的鸡心岭与铜罐沟一带，老林郁郁葱葱，后来下游的盐厂伐木煮盐，将周围的山林砍伐一空，并渐渐向上游扩展。铜罐沟处于大道之上，运木便利，木材出沟，更可利用河道漂至盐厂。所以，此山之林，渐渐稀疏，几乎成为童山。

上面所说的盐厂，地处大宁河中游的宁厂镇，古来便是产盐之地。其地宝源山下有一处盐泉，涌出甚旺，所产之盐销往四方。贩盐入陕西、湖北即经此途，所以，这条道上旧时运盐者络绎不绝，也是一条盐道。古时盐业官营，贩运食盐要有盐票，贩私盐则为重罪。但私盐利润巨大，所以也有许多人铤而走险，从事走私。路间小歇，一位老农荷锄经此，问道之时，得知他年轻时也挑过盐。老者告诉我，重八十斤一砣的盐，力小者背一砣而行，力大者可负两砣，挑担者多以两砣为准。沟中道路可以对面错行，于此可见当时古道之宽度。

中经一小坪，有民房数家。问之得知路旁一家旧时是川心店，大喜，遂与主人攀谈。但主人甚年轻，说是老辈子的事，并不清楚，只是房子没变。川心店是路途行脚歇息的店，有吃有住，秦巴古道上甚多。这种店饮食比较简单，住宿多是通铺，住店者很多都是道上的挑夫或背二哥。院内常常摆上厚笨的低条凳，供背客放置背架。旧时的川心店，有些像现在路边经济实惠的农家乐。

这家房屋曾是古道旁的小店

严格地说,"川心店"应当写作"穿心店",这种店是夹路而建或者跨路而建,道路由店中穿过,所以叫穿心店。按这种道理,铜罐沟此处路旁小店便算不得穿心店。时至今日,穿心店几乎绝迹,我在米仓道调查时,发现当地却保存有这种跨路之店,堪称珍贵。至于路旁小店,可以称为"幺店子",也就是小店之意。但很多地方,都将"幺店"写作"腰店",将"穿心店"写作"川心店",成为风气,这也是很有意思之事。

途中见有架设木槽、引溪水灌田者,颇具古风。利用地势高差,以竹管木槽引水,不仅可以灌溉田地,也能引水入户,和自来水一样。唐人记载中也可以见到,如"酿酒漉松子,引泉通竹竿"。有些潺潺清泉,还引入园林,注池入瓮,成为景观。

路间多石阶与土石道,间有垒石道,亦有独木之桥、骈木之桥架于沟涧者,这些,都是古画中常见的山区桥梁。

再行则无有人烟,沟中有四五处小峡谷,足下道路则是老路,未经整治。一路阳光高照,空山寂寂。但山花烂漫,好鸟相鸣,耳听流泉淙淙,眼观蛱蝶飞舞,也有些趣味。谷中少有栈道,仅于一小峡处,发现数个斜向上排列的方形栈孔。其所架栈道,当也是坡道。

最后行至一处沟口,道路歧分为二,各通一沟,旁有两间无人居住的空房,知此地就是三岔。其处小溪流淌,水中安置有几块石头,踏石而过。三岔古时很有名,亦称"老三岔",以此为中心,三条道路通往三省。我所来之路为通四川之道;左手一条沿主谷北行,于牛车垭子北侧越山梁进入陕西,此沟名青树包沟;右手一沟向东北方向而去,上牛车垭子大梁坡,越鸡心岭梁,入湖北境。

我沿右手之道登上大梁,回望铜罐沟,发现此沟几乎是一直线,但沟中小道却左盘右旋,行走之际,浑然未觉其直。

夕阳之下,群峰起伏,旁边就是海拔一千七百六十三米的鸡心岭。山风吹拂着汗衣,令人一阵轻松愉悦。终于走完了铜罐沟,足下即三省交界处,海拔一千五百六十米,俯看三条古道,蜿蜒于万山丛中。古道上的人

铜罐沟

流早已消逝,他们在这些路上,流汗歇息,躲关逃税,夜宿小店,对歌山妹,许许多多故事,也被世人渐渐淡忘。现代公路畅通,行路之人乘着飞驰的汽车,笑语盈盈,翻山越岭而去。这其中,怕也有背二哥的后代吧。

工人街与鹞山崖

大宁河栈道,有许多未解之谜。

自长江边的巫山起,向大宁河上游绵延八十多公里的大宁河栈道,在宁厂后溪河口突然消失。我和老丁从下游沿线追索至此,失去了栈道的遗迹,站立河边,陷入了茫然之中。

第八章 大宁河古道

今日大宁河上的船工

栈道为什么从此消失？古人行至此处就到达了终点还是另有隐情？这成了一个大大的问号。这种地方，往往隐藏着解开问题的钥匙，也就是考古中最当重视的区域。如同行路之人，走着走着突然发现迷失了道路，此时他就会特别认真，四下观察，留心周围的信息，企图找到正路。

我们正是如此心境，于是在这一地点花费了很多功夫。虽然未能解决原先的问题，却柳暗花明有了其他收获。这也算上天为我们辛苦工作给予的一些赏赐吧。

在后溪河口环顾四周发现，大宁河自北而来，后溪河从西面的大宁厂而来，两河在此交汇，清澈的碧流汇成一股，翻着白沫奔腾而下。两河之间有一陡峭的山嘴，山嘴临大宁河一侧，岸上有一片废弃的老房子，这就是工人街。看来这个工人街,也是我们应当下功夫之处。

工人街下部临河的山脚直立如壁,形成临河陡岸。但岸壁并非石岸,其上尽是大大小小的卵石。这样的石岸在急流的冲击下极易崩塌。当然可以设想,这里河岸的栈道,就是由于石岸崩塌而消失了。实际上,在这种卵石岸上,极难开凿栈孔。因为这里的卵石层结构疏松,没有完全胶结,在这样的地方不但大石不多,难选孔位,而且就算有一块较大之石可开凿栈孔,一下凿,周围沙石便哗哗而坠,导致开凿的石块松动,所以这种卵石岸基本不适合构建栈道。

工人街的下游水滨,有一石岸,传说是古码头,古码头有一条曲折石阶,曲曲折折向上通至工人街。此地古有接官亭,今已无踪。传说旧时官员自下游乘船至此,因上游水浅,舍舟改行旱路,由阶登岸,当地在此接待,故名,亦有称之为接官厅者。当然,那个小码头也算是大宁河上一处古客运码头。这样的古码头,我们也调查了一些。

看到工人街的名称,感到很是时新,特别是在这苍凉的深山中,几座旧房起这么一个名字,的确让人不解。但它并不是新地名,而是老名。原来旧时宁厂盐业发达,形成了经久不衰的繁荣市镇,号称巫溪县第一热闹去处,连县城与之相比也逊色不少。其主要街道处于后溪河南岸。沿河一条长街,号为七里半边街,其地店铺林立,人流不绝,客栈酒楼应有尽有。这里是宁厂的入口,有码头,所以成为船帮、力帮聚集之地,故曰工人街,它的衰落荒败也不过五六十年。与此可资对照的是,后溪

山区小集市上的老乡,这种集市一般也就一二十人

河对面有条陕西盐帮曾经聚集的街，就叫陕西街。

在工人街后山坡发现一些墓地，皆小冢乱石所堆。工人街道路宽一米多，一侧临河，路面多铺石板或石条。街旁道中，发现有一些残碑，甚喜，洗泥剔土而细读，但并无与古道路有关的记载，中有墓碑数方。一方上首文为"系吉（籍）湖南衡州府衡阳县生长人氏"，中刻"故盟兄李显秦丕生之墓"，尾署"盟弟彭定周祀"，款署"嘉庆戊午年贰月十九日立"。又有一方墓碑上记有死者生死年、籍贯，与"孝女三人"等文字。看到这些墓碑，如同眼前浮现出当年那些来自各地的贫苦打工者，他们是宁厂的下层，甚至老死他乡，草葬荒山。这些人多无家眷，结义认亲，互相扶助成了他们立足社会的一种依赖。当地文献多记盐厂之街市繁华、炉火璀璨如何如何，而这里却露出了繁华之下的贫穷凄苦一面，两下对比，令人感慨。

北出工人街上坡，绕过名为狮子包的山嘴，沿路多为石条铺就，间有垒石道与石碥道。发现石条中有文字或者像碑者，两人便不放过，一一清理翻身，必识读清抄而后已。于是又有收获，得力帮修万元宫庙残碑一块，得土主庙残碑一方。

"力帮"当为搬运工人的帮会组织，碑石虽残，却记下了宁厂的搬运工人也有自己的组织，并有庙产，作为活动中心。万元宫庙中，还建有戏台。土主庙碑亦残，所余文字中，可见土主庙为"口黄之人，贸易宁厂者创建"，似为某地在宁厂的商帮所建之庙，足见宁厂庙宇之繁、商帮之多。此碑提到"岁时报赛，仰视心动"，反映宁厂庙宇与祭祀赛社情况。宁厂因经济发达，庙宇众多，祭赛社火也非常热闹，有为更换输盐竹笕而举行的盛大赛事，也有各庙的祭赛，活动规模极大。

过狮子包山嘴后，下坡沿后溪河北岸转向西行，山形忽陡，道路于石壁半腰上开凿出一段石槽通过，甚是新奇。后询百姓，得知其地名"鹞山崖"，遂以"鹞山崖石槽道"命名。

这处槽道是在临河陡崖上开凿而出，长四十余米，石槽两端连接道路以通行旅，但其处崖面不平，所以槽道也随山势弯曲。槽底各段路面也不是同样高度,升降处凿为石阶上下。石槽断面近于三角形,底高于河谷水面五米,路面宽一点四至一点五米,外有砖石砌栏。

石壁一侧凿痕高两米左右,其间石面皆为密痕细凿。但这里的石质为青白色沉积岩,容易开凿,也极易风化,崖下即落有风化的岩屑。槽道的外侧有垒砌石块,石块的下方有一排石桩插于石壁上作支撑。依其结构,最初应当为碥栈结合道路,因崖面风化而改为纯石碥道。今西段槽道下部石壁所存一批栈孔状的石孔,大约就是插桩石孔。这处槽道既无记载,也无摩崖碑刻,即便原来有摩崖,但此石风化严重,文字也早已化为粉尘。从其两端道路与建筑,推测至少也有数百年甚至千年以上的历史。

正看之时,远处忽有闷雷之声,见天上乌云汹涌,天色转昏,似乎将有暴雨,石槽之下正好可以躲雨,遂不敢行,喝点水,吃些干粮。不久,大雨如注而下,四下白茫茫,群山都隐入雨雾之中。大雨中,外面溅进来

鹞山崖石槽道曾有多期道路工程,包括栈道

的雨沫打在手上、脸上，身上凉凉的，感到一阵爽意。既然不能行路，也无法工作，于是看云听雨，权且一乐。不意能在这深山之中，整日忙碌间，忽得如此闲情。

在弯曲的石槽道中慢慢踱步，忽然想道：不在这山道上慢慢地行走，就不会知道什么叫峰回路转，什么是顺乎自然。这条古道贴着山，山弯路弯，随势而行，与山水甚是和谐，人工与自然融而为一。而今人修路则完全不同，倚仗技术力量，一味求直求平，往往堑山填谷、洞山堵河而过，有一种蛮横霸道之气。曾见一小盆地，小河弯弯，山丘起伏，几户人家，悠然藏身于竹林丛中，其景如画。但是一条公路突然破山而来，那可是逢山开道、遇水架桥，从中斜穿硬过。这条公路可谓一切为其让道，气势如虹，这样设计对于公路来说，当然达到最优，臻于极致，殊不知，行于公路上，但觉山斜河歪，房舍不正，立于盆地中，头上眼前，整日充斥着这条道路的阴影。在一厢情愿地追求一件事物的完美时，便会不及其余，损害其他事物，顾此失彼，留下许多后患。

当年蒙恬建长城、修直道，大成其功，他临死之时，想到这些巨型工程，心中突然有所后悔，深切自责。他自责的便是堑山填谷，断绝地脉。

雨声渐小，天亦慢慢转亮。于是整顿行装，我们又踏上了那弯弯的古道。

第九章　武关道

武关道是长安斜向东南通达荆楚地区的古道。这条道路开辟很早，春秋时代已经成为秦楚间的大道。因其途中有著名的武关扼守险要，故多称之为"武关道"，也有以其途经之地而名之为"商山路""蓝关道"者。

武关道自长安出发，行经今蓝田，向南翻越秦岭，达到商州，再沿丹江至丹凤，离开丹江而下武关、商南，到达南阳与今湖北一带。

古人前往岭南也取此道，当年刘邦大军西向攻秦，即由武关道入关中。

武关道最难行走之地段，就是越秦岭处。秦岭是长江和黄河的分水岭，

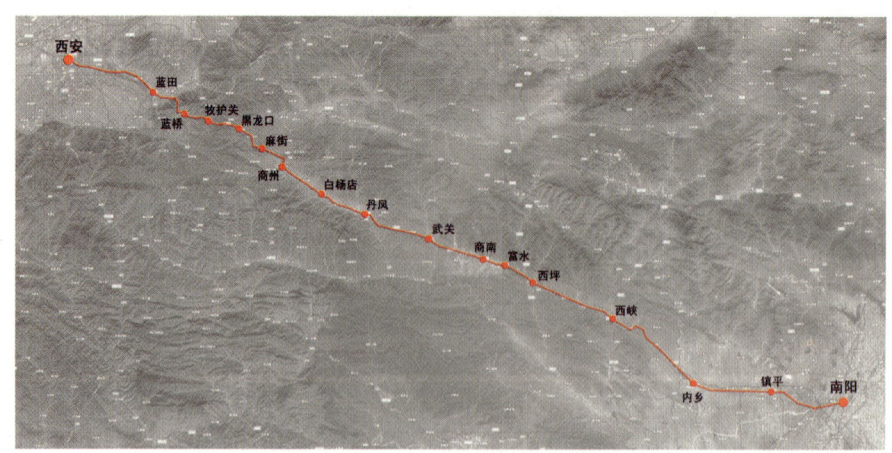

武关道线路图

由黄河流域通达长江流域，必先攀上陡峭之秦岭北坡，这一区域，历史上产生了大量的栈道。栈道构筑最经典者，为蓝水谷道。其所存栈道，部分遗迹呈现一梁多柱、路面宽阔之特点。

越过秦岭至商州，向东南至南阳之道路，沿途再无大山，多为丘陵低山区。

武关道由丹凤向东，不再行于江岸，与丹江分途，行陆路直抵武关南阳。商州之东有丹凤县，其地古为龙驹寨，是古武关道通至陕西之中点，也是货物运输水陆转换之处。自丹凤而下，水道可以行船，下通汉江，襄汉船舶云集于此。《三省边防备览》："地势雄阔，小船由州河东下直抵襄樊。"①自此西至商州，则丹水浅少，船舶难行，故水运货物皆改为陆运。往来客商雇募舟骡，屯货转运，甚是繁忙。龙驹寨向东则有水陆二道，南为丹江水道，北为武关陆道，龙驹寨是两道交汇之地，故成交通枢纽，商业发达。

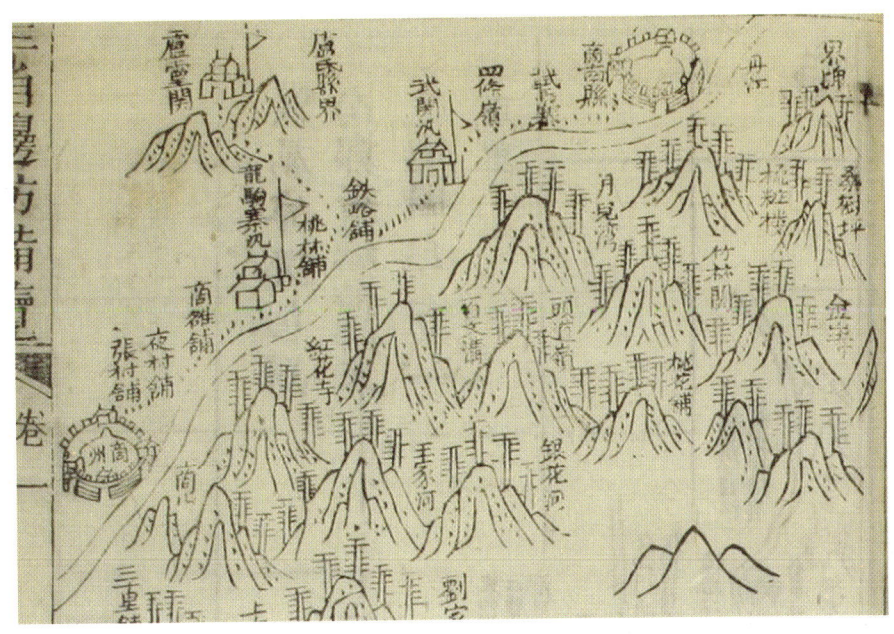

《三省边防备览》中所绘商州至商南古道

① 严如煜：《三省边防备览》卷七，道光三年（1823）刊本。

至近代倡导公路运输，轻视船运。船只一废，过往货物于此不停，其地顿时衰败。这一段繁荣的尾声，就剩下了一些传说与几座会馆。其中船帮会馆即为昔时丹江行船船帮所建，而今樯帆无踪，船号声歇，一切徒成记忆。

武关道从西安出发，向西南而行，路线如下：

汉文帝霸陵—灞水—新街—华胥—洩湖—蓝田—蓝峪—悟真寺—蓝桥—新店子—杨家山—蓝关（牧护关）—黑龙口—麻溪—仙娥—商州—白杨店—商镇—丹凤—武关—商南—富水—西峡—内乡—镇平—南阳。

自长安至南阳，全长九百六十里。

蓝峪古道

武关道越秦岭诸道中，以蓝关道最为著名。这条道路自蓝田县向东南行二十里至水陆庵，再前行数里，由蓝峪口入山。入山后穿过二十里蓝水峡谷至蓝桥镇，再越秦岭梁而至商州。

其中二十里蓝水峡谷最是难行。入得谷中，但见山环水绕，谷深流急，中间清流飞湍，两岸奇峰相连，观之美不胜收。蓝峪是秦岭诸峪中最美的一道峡谷，其间构架了不少的栈道。但这条道路也极为险峻，行人惴惴。古人行于武关道上，面对此境，发出了"只堪图画不堪行"的感叹。

说起蓝水，让我们一下子想起"春来江水绿如蓝"来，也许，蓝水之名，就是水色之美绿如蓝而得，白居易也确实说过"蓝水绿如蓝"的话。峡中蓝水，奔则成雪浪，止则为碧潭。至此夏有不到蓝谷，不知蓝水之清碧之感。唐王朝看中了蓝水清碧，冬季在此地取冰，以供宫中凌室蓄藏。《唐阙史》记载："蓝田县，岁贡冰，常在冬梢。如蓝水不冰，则主吏宣命以祭，一夕而成。"唐代冬时采冰，凌室之冰，要求方厚，结冰之处亦需水深，其取冰之处疑位于谷中黑龙潭与东龙潭。唐时运输贡冰必以车载，对蓝峪的交通也有要求。取冰之时，凿冰冲冲，亦古道行人可观之景。但唐人似乎另有取冰之技,以并铲断冰。

蓝水发源于玉山南麓,玉山俗名王顺山,其高万丈,山生美玉,上有白莲池。玉山所产之玉,即蓝田玉。行于峡谷,蓝河谷中便可以看到许多璞玉,有眼力者,可在其地采玉。《水经注》记载,当年秦始皇选陵墓,即借玉山之势,始皇贪其美名,因而葬焉。李商隐"沧海月明珠有泪,蓝田日暖玉生烟"中的"蓝田",便是指此。唐天宝时,皇家还派员采玉山之石琢为乐器。

蓝水冰洁,玉山玉美,其地真所谓冰清玉洁,美不可言。

对于考古者而言,这里不仅山美如玉,水碧似翠,更重要的是这里保存有一批重要的古栈道,它们的价值,不啻珠玉。

自谷口入内,即有栈道遗迹,至悟真寺下,有黑龙潭栈,再向上游,

玉山远眺

还可以见到几处栈道遗址。蓝水峡谷之北段尤其深陡，山谷盘曲，河流萦绕，一路奇峰碧水，风光绝佳，人行其间，如在画中，是峡谷中风景最好的地段。古道随谷盘旋，极为险峻，一路也构建有不少的栈道。这些栈道遗址中，规模最大的就是黑光岩栈道。

黑光岩栈道位于蓝水右岸，距离蓝峪山口约九公里处面南的一堵石壁之上。蓝水自黑光岩南向北流淌，至此峡谷突窄，两岸陡峭，且正北为一堵巨大的山崖阻挡，河流遇阻垂直西折，二三百米后方转往北去。这堵巨崖之下，河岸分布的栈道遗址长近二百米，规模甚大。其地山坡约四十五度，是大面积的裸岩，岩面光滑，坡面上石孔密布，可以分为上层的梁孔与下层的柱孔。这批栈道结构为一梁多柱，所以栈孔正下方坡面上纵列有多个柱孔，有一梁三柱、一梁四柱，甚至更多。这是国内表现清晰、难得一见的一梁多柱栈道遗址。从这处栈道结构看，其路面宽度最大可达五米，梁柱密布、强度可以乘载重车。

自黑光岩南行二里，又有石洼子栈道。

石洼子栈道位于蓝桥河村下游，近于蓝峪峡谷南口，今石洼子梁公路隧道由其对岸穿过，栈道遗址即处于隧道上口的蓝水左岸，全长约六十米。

这处栈道之所处，山岩更陡，且植被茂盛，一般人不易发现。自公路

黑光岩栈道

一侧蹚水至河对岸，可以攀爬其栈道遗址，许多栈孔中已经注入沙土，长有植物，远看只是一丛丛绿草，所以更不易寻找。我掏了一些栈孔，做了记录，发现与黑光岩栈道结构相近。这处栈道最珍贵处，是发现了固定栈梁的设施。

其下游为一现代小水库，水库坝址一带似乎还有被破坏之栈道，河中岩石上存有类似古栈道工程的孔与阶。

二十来里的蓝水峡谷中，今保存栈道约有六七处。原先之栈道，要比这多，因峡谷中修筑公路开山取石，致其数量大减。不过这些栈道并非处于河水一侧，而是左右有变化。下游栈道处于左岸西侧；向南至黑光岩一带栈道则处于蓝水右岸，即东侧；而再向南行，至黑光岩上游的石洼子栈道，又位于左岸。这几处栈道，建构特点比较相近，若为同时规划，则两端道路行于水西，中段道路行于水东，古道左右转换之地，当建有桥梁两处。是否有两处古桥，它们的遗址位于什么地方，还有没有遗迹，什么结构，都是一个个问号，都需要再进行深入的考古调查。

蓝关路上的蓝桥，很是有名，是古人览胜歌咏的重要景点。这座桥梁明清时改为铁索桥，二十世纪八十年代还有些残迹，如今痕迹尽无。蓝桥之驿，也有众多诗人题诗抒怀。白居易诗："蓝桥春雪君归日，秦岭秋风我去时。每到驿亭先下马，循墙绕柱觅君诗。"

自蓝桥驿向南，河谷开阔，山势渐缓，路途亦少有栈道。行至山梁最高处，即为蓝田关。

蓝田关亦名蓝关，位于蓝水上游与丹水上游麻涧河之间的秦岭梁上，为武关道上重要的关隘。秦岭梁是武关道所经最高处，但不甚陡险，古道越梁而过。梁西水入灞水，梁东水入丹江。唐时韩愈被贬潮州，行经武关道，有诗曰："云横秦岭家何在，雪拥蓝关马不前。"诗中所吟蓝关，实为此地。明代亦设巡检司于此，盘查过往行人。明清时关旁存有供奉韩愈的昌黎祠，亦称文公庙。据古代地志所绘，蓝关关城设在道南，文公庙则处在道北。唐人皮日休《蓝田关铭》称其关势曰："天辅唐业，地造唐关。千岩作锁，万障为枑。难图其形,莫状其秀。双扉未开,天地如斗。轧然副启,人流如济。"

蓝田关亦名牧护关,清《蓝田县志》:"东乡曰牧护关,南接商州,北接渭南,均为驮载辐辏之地。"①清时此道大通。

牧护关西今有七盘水东流,为丹江上源,此水古或称息邪涧。武关道即沿七盘水北岸而东,经沙家台、下店子、秦岭铺、十五里至黑龙口。

古时秦岭一带人烟甚少,林木茂盛,多野兽,甚或袭击行人。《太平广记·商山路》记:"旧商山路多鸷兽,害其行旅。"今日行于秦岭道上,则无此患。

蓝峪虽风景美丽,而行人却畏其险峻,更畏其洪水暴发造成栈道中绝、桥梁破坏。故古人另开有一条旱路,行于岭上,以避蓝峪峡谷之险,其路曰七盘山道。

七盘山道从蓝田县城南的峣山东侧坡底村,即辋峪口外东侧开始,盘上东山,左右盘旋良久,始达山脊,这段爬山道路,史称"挣坡",叫作"七盘十二挣"。因山岭陡峭,坡路漫长,关中人称吃力或累为"挣",故有是名。

挣上山后,即达于山梁,道路基本沿山脊向东而行,至鸡头冠。这一段行于山梁之道甚长,其山或曰芦山。自鸡头冠南行离开山梁,穿过毛石湾达六郎关。毛石湾为一大滑坡体,乱石纵横,道路上下左右扭曲,甚是难行。自六郎关向东下山,经大坡脑、小坡脑,最后下至蓝河河谷的蓝桥河村,道路并入蓝关道。此地曾设蓝关,当地人也有将六郎关称蓝桥关者。

此道行山避水,不走谷道,绕过了蓝水峡谷一段最险路程,河涨、栈断时行之甚便。但翻山越岭,颇为劳累。

自唐中叶时,即有行于七盘山之记载,明清时此道商旅往来如织。由此看来,蓝峪古道峡谷段,也许通行时间不长,中唐之后,多被这条七盘山道取代。处于峡口的悟真寺后来衰败,或即此因。

---

① 光绪《蓝田县志》卷一,台湾成文出版社影印本。

初入蓝峪悟真寺

　　1985年8月，陕西省文物局、陕西省旅游局联合考察蓝水河谷古栈道等文物旅游资源。文物考古方面有张廷皓先生、焦南峰先生与我参与，同行者有旅游局专家与蓝田县樊维岳先生等数人。这次入山，是我第一次踏进蓝峪。考察自谷口始，沿河谷有一条简易公路，可乘车而入。谷口道旁石壁上方框中刻有小字，疑为修路记事文字，当日未能看清，今不知尚在否。而后至水陆庵，水陆庵乃古悟真寺之下院水陆堂旧址，以壁塑精美，闻名于世。

　　自水陆庵入山，若不行谷口，则另有一条登山捷径，可以直通悟真寺，号为禅道。听说此路险而有栈道，我们几个年轻人即沿山道而上，其余人乘车入谷。我们怕误乘车者的时间，走得很快，爬上蓝水东侧一座小山梁

水陆庵壁塑甚是精美

顶时，人皆气喘吁吁。此时眼前突现青峰叠嶂，群山如涛。站在一块突出的大磐石上，远眺出云玉山，高耸天外，俯观萦绕蓝水，盘旋山间，心境大开。

再行则山更高，路成了山腰上开辟的窄窄石径，东临深谷，蜿蜒而前。中间一段陡壁甚险，有不长的古栈道一段，但栈道已毁，仅存石孔，只能贴壁扣石，小心而过。这处栈道是我们此行看到的第一处栈道。再沿石径南行，途中有一巨石，一部分悬挑出路外，古称悟真石，据说古时寺中高僧常常盘坐于此石之上修行打禅。石旁山崖有一石洞，洞口向南，人称石龛。石龛人工凿成，小巧方正，洞内长宽皆一丈有余，其形可谓"方丈"。古时许多寺中的长老，常居于这类小室修行，故得"方丈"之名。其地苍岩青松，风清气爽，真乃佳境。

石龛内有题刻四处，刻文甚大，字体甚美。拂尘读之，乃宋人题留，题名者中有北宋著名文学家苏舜钦，颇为珍贵。苏舜钦曾有《蓝田悟真寺作》，中曰："行人遥指置寺处，正在白云之中央。逡巡缘栈更险绝，攀萝扪壁随低昂。……是时八月初，路旁已见芬芳菊。凿石龛旁崖至浅……"①可证他确实来过此地。

由石龛前行一段路，也是石阶石径，路渐渐宽大处，即达悟真寺。悟真寺古时亦称竹林寺，位于蓝峪谷口内不远处的东山半腰。其地为一处山洼，选址背山面水，藏风聚气。寺院距帝都长安不过百余里路，山下即是长安通向商州、邓州、襄阳的秦楚古道，交通便利，景色亦美。净土宗著名的善导大和尚曾于此寺修行说法十七年之久，其后名僧辈出。寺院最盛时，楼阁重叠，殿宇毗连，斗拱绮窗，金碧交错，宝幡迎风，古钟悠扬。寺内有吴道子绘壁画，诸河南书屏风，供奉有精美绝伦的汉白玉佛像和以珍贵珠宝装饰华丽的观音菩萨像，还供奉有佛国玉笛、净瓶舍利。特别是寺中养有数千能飞入峡谷汲水入寺的飞鸽，并用此水研墨，写经散布。这些当时都被誉为奇观，成为人们观瞻寺院的重要内容。所以不仅文人墨客

---

① 《陕西通志·艺文》卷九十五，四库本。

善男信女络绎不绝来此游览，就是当时帝王嫔妃达官显贵，也时常入山消闲布施，使悟真寺成为名冠一时的佛教丛林和游览胜地。白居易于元和九年（814）秋游此，留下《游悟真寺诗》一百三十韵。

寺院于唐宋之后，渐渐式微衰败，我们面前的寺院，周边依旧竹篁遍山，林木苍翠，但古寺在清末战乱中焚毁，现寺院为民国初年所建。即便如此，寺院也已经残破倾颓，梁柱歪斜，屋瓦脱落，存二进院落，山门三间。壁间有一石匾，上为民国时期一县长题款。入门右手有偏房三间，正面大殿三间，殿后为观音阁三间，阁为双层。

寺存民国初年之碑，匆忙之间，急抄一段，未抄毕而诸人已去远。碑称："古之上悟真寺也，口建自何代，创自何人，其详不可考。远自六朝、隋唐以来，其见于载籍者，初为贝叶佛入涅槃之物，继为志公和尚分身挂锡之地。厥后，高僧写涅槃，飞鸽唧水，杨难诵法华，石函闻声。净业高谈玄宗，鲤鱼绕船而受戒，法诚顿悟奥道，普贤入梦以劝书。太傅白香山抒诗歌以志盛，学士张孝静籍翰墨以传经。……"可见此寺，以唐时为最盛。

旁丛林中，隐有小石佛塔七八处，路不可辨，拔草寻之，皆为和尚塔。藏于山内丛林中，不为人知，免受打砸，亦一幸事。

自寺中下山至水畔，与大队伍会合。位于悟真寺山下之上游不远处有黑龙潭。其地山谷狭窄，西岸白色石壁上，分布有栈孔数十，可分为上下两层，一层方形、孔大，一层圆形、孔小。但其石壁不是很陡，有些坡度。栈孔之下即为河水，栈孔距离水面并不高。我初闻其名曰潭，及见此潭，发现也就是一段较深之河道，唯水色甚绿。

东龙潭位于黑龙潭上游，两岸高峻，东岸峭拔千尺，俗名佛爷腰。距地三百米处有一古洞，山民称内有三尊古佛，因过于危险，不可上，故未能亲去。西岸亦绝壁也，下临绿潭，潭旁临水面有一巨洞，但口部为乱石所壅。水面上约三米处为栈道遗址，有七八十孔，较黑龙潭栈长，亦为双层。

三级瀑布位于东龙潭又上游，蓝水东岸，第三级于公路上可见，当地人说三叠相连，层层跌下，各高数十米，每瀑布下有深潭一，水墨绿色，深不可测。或曰几十丈深，中有小鱼，人称溅瓮子。鱼能生于高山，亦一奇事。张焦二人脚手敏捷，争上三叠瀑布。这次我腰腿已软，也随大众，在下等候。环顾四周，发现此谷石壁接天，绿树葱郁，颇类华山之景。而河谷中碧水清澈，白石光洁，则华山所无。我想，王维的"清泉石上流"，刻在此地水滨，是最合适的。这道峡谷风景如画，算是北方少见之景色。

三级瀑布向前，近兰桥驿一带，河岸亦有栈道之迹，较大者为东岸一巨崖上，分布若干，惜未停车。多年后我复至其地，发现其处为蓝峪中规模最大的一处。王子今先生已经调查过，并发有报告。

蓝桥遗址位于昔日蓝桥公社政府之北，有蓝桥关遗址，当时巨崖之下，尚有铁索桥残迹存留。当地人传韩愈"云横秦岭家何在，雪拥蓝关马不前"句，即在此而得。旁边简易公厕中，石壁上刻有题记。有"雪拥处"；有颂扬男女爱情故事的尾生"抱柱处"；有颂云英之美，"玉臼杵"之类石刻题记。但字小且角度不佳，加之地下污秽，难以观察，皆蜀人罗某书之也。

"尾生抱柱"是《庄子》讲的一个故事："尾生与女子期于梁下，女子不来，水至不去，抱梁柱而死。"李白诗曰："常存抱柱心，岂上望夫台？"

"玉臼杵"则是另一个美丽的故事。说唐时秀才裴航行至蓝桥，遇到美女云英，为其仙姿倾倒，云英之母要求他找至玉杵臼，并捣药百日，方许婚事。裴航曲折百端，寻得玉杵臼，终于再会蓝桥，与云英成婚，同入仙窟。

如此佳题，竟然围于厕所之中，我们甚是惋惜。县上同行的樊先生看出我们的情绪，笑道：若无厕所围护，早就被毁，你们今日岂能见到，这正是我们文化干事的智慧呵。闻听此言，大家对这处公厕，不唯忘却其臭，反而生出敬意。

古人行于道路，一路看景听故事，可以消磨不少寂寞。而故事中的桥梁，就是这座蓝桥。

自蓝桥关向上游，两侧山势不高，河谷亦宽，蓝桥关正扼蓝峡上口。蓝桥镇为古蓝桥驿所在，时为公社驻地，人之衣着比山民现代一些，但集

蓝桥旧址

市冷落,几乎无人。道旁有卖西瓜者,总共只经营三个小西瓜。镇在水东岸,地势稍平,镇与蓝水近处有一巨树,浓荫大覆,下临清水巨石,有妇女数人浣衣其下,颇似电影镜头。

西岸有一小峰,山上尚存有几株古柏,并白皮松树若干,上有一洞,俗名湘子洞,传为唐韩湘子曾隐于此,或云为裴航、云英所入仙窟。洞中狭窄,天然溶洞也,未能攀登。旧时有庙宇,"文革"中尽毁,村民言之,悼惜良久。

时天色已暮,不可久留,乃与村民挥手以别,登车长驰而去。

蓝桥镇至水陆庵,共计十二公里,其间十公里皆为峡谷。

王维的辋川别业

唐代都城长安周围,以秦岭风光最佳,峰峦挺秀,泉流清澄,所以沿秦岭北麓峰谷间分布有大量景色优美的寺观别墅。王维的"辋川别业"就是其中一座代表性的庄园别墅园林。

王维是唐代的大诗人、大画家,名重一时,后人称其"诗中有画,画中有诗"。王维有很高的文学和艺术修养,对于山水园林的造诣更是深得其中三昧。他住在辋川,写了很多清新自然的山水园林诗歌,还绘了《辋川图》,令文人雅士对辋川的山水园林神往不已。

辋川在今蓝田县西南约二十公里，以山岭环抱、溪谷辐辏有若车轮，故名"辋川"。这里原是宋之问的庄园，后为王维所得。他就天然山水地形和植被对庄园稍加点缀治理，形成一个不尚华丽不显人工雕饰，充满天然意趣的景区，并依其特点为二十个景点命名。王维晚年即隐居辋川，常与挚友裴迪在此泛舟往来，弹琴赋诗，以山花水鸟为侣，共青山明月为伴，陶醉于竹林茅轩之中。辋川主要景点以王维的诗歌流传而为世人熟知，如鹿柴、竹里馆等。

孟城坳在今关上村一带，当年是谷地上的一座古城堡遗址，也就是园林的主要入口。华子冈在孟城坳之东，岗上多生老松，这里的秋景被描写成"飞鸟去不穷，连山复秋色"。

文杏馆是以文杏木为梁、香茅草作屋顶的厅堂，这是园内的主体建筑物，其南面山岭环抱，北临水光潋滟的大湖，宁静恬适。栾家濑则在溪旁，东有临湖亭，王维诗中称这里"飒飒秋雨中，浅浅石溜泻。跳波自相溅，白鹭惊复下"。

斤竹岭一带山岭上遍种翠竹，一弯溪水环绕，小径穿行其中，满目青翠中掩映着清水涟漪。鹿柴是用木栅栏围起来的一大片森林地段，王维当年在此养鹿，地在辋口庄的东南。那首脍炙人口的名诗"空山不见人，但闻人语响。返景入深林，复照青苔上"，便是王维对这一带景色的绝妙写照。

欹湖是一个比较大的人工湖，可以泛舟湖上。湖周有临湖亭，南坨和北坨是湖南北岸的两处码头。湖岸绿柳成荫，倒影入湖，风来则千万条柳枝婆娑摇摆，被命名为"柳浪"。

竹里馆也是一处景色清幽之地，竹林中分布有馆舍。王维诗曰："独坐幽篁里，弹琴复长啸。深林人不知，明月来相照。"

此外还有木兰柴、宫槐陌、金屑泉、白石滩、辛夷坞等名目。漆园和椒园则是园圃一类的生产园地。

辋川是中国文人寄情于山水、追求自然空灵和修身养性的典型山庄园林。这种类型的园林,既有六朝遗风又带禅学意味,文人士大夫最喜在其中吟诗绘画、弹琴饮酒、交友会朋、谈禅悟道。这种风尚,对中国后来的山水诗歌和文人绘画,甚至所谓的文人风雅气质,都有十分深刻的影响。

古道上明清时的路亭式样

辋川所在,正是秦汉武关道的正路,这条古道,名曰峣关道。道路自蓝田向南,沿灞水支流辋河上溯至辋川,斜向东南,经董家岩、两河桥、铁索桥、葛牌、越秦岭大梁,然后由秦岭沟下至林岔河,顺水而下,经杨斜、麻池河、南城子、张湾、杨峪河而达商州。

刘邦当年入关,便由此道进兵,而受阻于峣关。峣关在蓝田县南辋水出山口,这一带两山对峙,中间为辋水峡谷,河谷盘绕,古道险厌,古人设关于此,以卫关中。当时秦军扼峣关古道,据险而守,汉军正面进攻困难。

刘邦采用张良之计，一支部队自辆水之西偷越蒉山，背袭峣关，南北夹击秦军，秦军大败。

后来这条古道渐少人行，行旅多从灞水另一条支流蓝水的河谷越秦岭，并于秦岭梁上设蓝关，这条古道遂变得清寂少人。所以，王维的别业设于此地，既有交通之利，亦得山水之幽。

商山四皓

中国古代的深山，常常藏有隐士。隐士中，很多都是身怀绝技的异才奇人，不同凡俗。武关道中的商山，便是古代一处著名的隐士居地。

商山位于今丹凤县西，是武关道旁一座小山，其貌不扬，行道之人稍不注意，便会错过。商山距离古商邑不远，商邑是商鞅的封地。或曰：商山之山形，正望甚像"商"字，故得此名。

商山隐士，最出名者，为秦末汉初时的商山四皓。

四皓，是指四位须眉皓白的老人，即东园公、绮里季、甪里先生与夏黄公四位。这四人皆是身怀绝学之高人、气度古雅之名士，因厌恶秦之暴政，避世秦岭，隐居于商山，故人称"商山四皓"。传四皓有《紫芝歌》，以明其志，歌曰："莫莫高山，深谷逶迤。晔晔紫芝，可以疗饥。唐虞世远，吾将何归？驷马高盖，其忧甚大。富贵之畏人兮，不如贫贱之肆志。"

四皓之声名传到刘邦耳中，刘邦欲请他们出山，扶助自己，但被四皓谢绝。

商山亦名高车山，《太平御览》引《高士传》曰："高车山，上有四皓碑及祠，皆汉惠帝所立也。汉高后使张良诣南山迎四皓之处，因名高车山也。"① 古时朝廷征召贤良常常用高车，以示尊崇，故山亦得高车之名。武关道上曾有四皓驿，驿站即设于商山不远处。道旁有四皓墓，古柏苍苍，至今尚存。

---

① 《太平御览》卷四十三"高车山"下，四库本。

隐士是让人感到很神秘的一类人，从字面上讲，隐士就是藏身避世、不求闻达的士子。中国古代的隐士很多，历代皆有，史书不绝。隐士入山有不同的目的，有功成身退者，有追求闲散者，有深山研学者，有修行养生者，有避仇保身者，也有标榜身份者。

有一种是对社会系统的逃避，也可以说是主动避开这一系统。人类社会是一个巨大的系统，这一系统不断地完善，不断地加强，不断

秦巴山区的山民

地扩充，最后将一切都卷入这一庞大无比的旋涡之中。这一系统成熟的标志，就是国家的产生。中国封建社会中，"普天之下，莫非王土，率土之滨，莫非王臣"，土地人民都归帝王所管，家族管理则与之交错。这一系统也是一种生存模式，所谓"君君臣臣父父子子"，便是对这种系统结构最经典的描述。人生存于这种社会格局中已经习惯，甚至有了强烈的依赖性，离开社会便难以生存。

隐士避世，如同出家，去世离俗，欲跳出这一巨大的系统，不受约束，追求"帝力于我何有哉"的感受。但跳出系统，与系统没有了利益牵挂，而后回观返视，也能客观地观察认识这一系统。所谓"不识庐山真面目，只缘身在此山中"，就是没有脱离这种境界。有些隐世者居高临下，俯察人间，洞悉世事，识见不凡。他们常常密切关注天下形势，"龙虎方战争，于焉自休息"，一旦有机会，也会下山，介入社会。所以自古以来，大多

隐士都喜欢隐居于京城周围、大道之旁，取其消息灵通、易进易退之便。

商山四皓这四位，即为逃秦祸而入山，当了隐士。他们选择的隐居处，就在通达首都的大道旁。刘邦取了天下，数次征召，四人也不出山，继续当隐士，是因心高气傲，受不得气。这些人自尊心很强，是挨骂就不干的人，不受尊重，宁肯抱膝长吟。韩信也是人才，但他能受气，受胯下辱，刘邦一贯傲慢侮人，与他论兵，话说得很难听，他也能忍受。所以韩信才得以拜将带兵，建功立业。

刘邦做了帝王，初立长子刘盈为太子，后来以为刘盈无能，又喜欢另一个儿子如意，便欲废刘盈而立如意。刘盈之母为吕后，对此十分着急，逼迫张良为她出主意，保住刘盈的太子地位。张良便向吕后推荐商山四皓辅佐太子，巩固地位。于是吕后使人奉太子书，卑辞厚礼，迎此四人，四皓乃出商山，进入长安。

在一次宴会上，吕后有意让四皓站在太子身后，展示太子能力。刘邦见到自己数请不来的四贤竟然成了太子的辅佐，于是放弃了废太子之心。

当时刘邦曾问四皓："吾求公数岁，公辟逃我，今公何自从吾儿游乎？"四人皆曰："陛下轻士善骂，臣等义不受辱，故恐而亡匿。窃闻太子为人仁孝，恭敬爱士，天下莫不延颈欲为太子死者，故臣等来耳。"这段对话，最重要的三个字就是"不受辱"。四皓正是那种敬则出、辱则隐之人。

世上真正求贤若渴礼贤下士者，并不太多。真正能礼贤下士，一饭三吐哺，一沐三握发，非胸有宏图聪明过人者不能为之。所以，商山四皓的故事，不但让许多不愿屈节做人者佩服景仰，也令那些欲成大事者深受启发。

四皓墓位于丹江之北的商镇，隔江与商山相望。千百年来，商山四皓已经在人们心目中定型为操行高洁、采芝深山、须眉皆白、状如神仙的隐士。四皓墓瞻仰之人络绎不绝，其地一直是武关道上著名的景观。李唐之世，武关道车水马龙，行人接踵，不但有上任回京的官员，也有被贬官流放者；有文人，也有武人；有得意者，也有失落者。有些人走到此地,看到商山,想到四皓,心中便生出无限感慨。商山之下,也留下了李白、杜牧等许多文人吟咏四皓的诗篇。

白居易诗曰:"天下有道见,无道卷怀之。此乃圣人语,吾闻诸仲尼。……皤皤四先生,高冠危映眉。从容下南山,顾盼入东闱。……如彼旱天云,一雨百谷滋。泽则在天下,云复归希夷。……"

汤汤丹水,苍苍商山,与这些历史、这些人物、这些古迹、这些故事、这些诗歌,都凝聚于武关古道,成为一种特殊的道路文化。

秋上鸡冠峰

武关道上的丹凤县城,古名龙驹寨,龙驹寨在金庸先生的小说中也曾经出现。历史上,此地是一大水陆码头,是古武关道上重要的节点,也是水陆转换之处,故颇为兴旺。丹凤城北有座奇山,名曰鸡冠山,是当地的名胜。鸡冠山颇为高峻,形如偃月,其上部尽是黄红色之裸岩,远望甚红,有若雄鸡之冠,大约正是这一原因而获得鸡冠山之名。

丹凤城旁的鸡冠山

鸡冠山一处石窟中的明代凿洞题记

二十多年前,我曾至丹凤,攀过此山。当时我与商州王昌富先生考察古航道时,共下丹江漂流,顺着古代船帮水运的航道,穿上红色的救生衣,乘坐黄色的竹筏,在碧水中随波逐流。但见两岸青山缓缓后移,水清沙洁,白鹭低飞,途中狂唱了一回山歌,听了听空山的回响,那一幕颇为快乐。漂流之后,我乘兴又登上了丹凤城北的鸡冠山。

那次上鸡冠山,主要是看到鸡冠山上开凿有许多奇怪的石洞,甚是诱人,忍不住想弄清这些神秘的石洞是干什么的。也欲通过这些石洞,去解开商州古道上那些高悬绝壁的崖窟秘密。那天时间紧迫,仅入二三窟,入一洞,发现其洞有明代题刻,上有莲花藻井,系道教石窟,印象颇深。像这种有时代可以断定性质的石窟,在当地算是很有价值了。而其后多年,竟然一直无有机会再上此山,虽经丹凤多次,只能遥望而叹。

公元 2011 年秋,至丹凤开一评审会,乘其间无事,遂再登鸡冠山。

仔细打量此山,上部陡峭,大都为暗红色的裸岩,山前有一周坡积物堆积,如同围裙,皆生绿树,上红下绿,相映成趣。独自一人,将行至山腰,忽有人令买门票,问之,则此山已成景区,且改名为"凤冠山"。

按旧风水之说,鸡冠山当为丹凤之镇山,所以,当地人心目中大约也将其视为圣山。鸡冠山之得名,盖其山形有若雄鸡之冠,山石犹如鸡冠之色。古人曰:"宁为鸡口,不为牛后。"所以,鸡冠也有雄踞一方之义,实为佳名。

但不知何人出的馊主意，硬是将此山改为"凤冠山"，而凤之冠，岂有此形乎？只想攀龙附凤，而以鸡装凤，反而失去自我，成为一大败笔。

沿路行去，一洞一洞观看，爬上爬下，大汗湿衣，忙碌之际，浑然不觉。举目四望，和上次登山一样，四下冷冷清清，似乎只有我一个游人。

鸡冠山之岩石，为红黄色沙砾岩结构，当为古沉积岩，但石质不太坚固，风化后即分解为大小沙砾，其砾皆为角砾。山石之上，常生有石花苔藓。从个别小断层上看，似乎其地层结构为北侧上仰、南侧下沉，据此，丹江河谷也许为一向斜结构。商丹盆地第三纪红色堆积则处于这种岩石之上，时代晚于此山地层，但不知是不是直接叠压其上。

最后攀上山顶，山脊状如鱼背，一条小路蜿蜒其上。中新修一亭一台，立于亭下，俯瞰山下楼房密集的丹凤城。对面是峰峦起伏的商山，两山之间即为商丹盆地，阳光下的丹江，蜿蜒如带，波光闪烁，从中曲折流过。自丹凤向东，山势渐合，那便是商丹盆地东侧的尽头。但江北群峰之间，却有一道笔直的谷槽穿山越岭而去，武关道便沿此谷槽中而行。时见远处一列火车，状如细蛇，游过山下。现代所修铁路，也选择了古道的线路，古今道路选线如此相似，真是英雄所见略同。

鸡冠山之北侧，沟谷甚深，山间有一小盆地，其中绿岗起伏，白房错落，宛如图画。小盆地之北则为高大山岳。沿鸡冠山脊东行里许，本欲由此下山，而未觅得下山之途。看时间不多，遂由旧道而下，再东行至挂瓢洞东而归。

鸡冠山上的洞窟有十多处，号为十二洞，大多开凿于明代，其中一洞中尚有嘉靖年题刻。这些山洞主要为道家所开，内为平顶方窟，凿留神坛，顶刻莲花八卦藻井。洞中神像则未有保留，今内有神像者，皆为新塑。明时道家发达，大约与嘉靖皇帝喜好有关。商州志书称，宋时即有人于此修行。现今开发旅游，诸洞皆新近整修，然安装现代铁门，有失古风。且有些洞内随心改造，乱题乱刻，不伦不类，甚是放肆。如此对待文物，这些人不知是有文化，还是没文化。

在石窟中转悠，还发现了两个看点，很有意思。一是古人开窟之技，二是古人穿门楣之术。

看点之一为开窟之技。鸡冠山西段山势陡峭，岩面陡直，可以直接在石壁上开窟。而后来者无此佳地，只得另想办法。东侧山势稍缓，岩面呈坡状，在这种地方开窟，必破崖开窟。其如何破崖，巧破与笨破，便成为一问题。

这其实是一个空间营造技巧的话题，对于造景者大有启发。鸡冠山石窟在这方面，也展示出其技巧，其中最有代表者，为挂瓢洞。

挂瓢洞其地为鸡冠山一向南突出的小山梁，道路原由山梁下绕过，营造者将山梁横断其首，东西向切出一方形宽槽。槽南山嘴留一方孤石，如小峰状。槽北新壁面上开凿一洞，即挂瓢洞。宽槽之底便成为洞前一平台，洞底与平台大致处于同一平面。然其洞前平台，犹高于左右道路。此时一般处理法则有二：一是道路依旧从山嘴外面环绕而过；二是在平台左右设石阶与道路相接，使道路登上平台然后再下接对面道路。前一种方法，行人绕行而过，不利于洞窟展示和游人进入；后一种方法较好，但亦非尽善之策。

所以石窟营造者并未采用上述二法，而是在宽槽之底中再下开一东西窄槽，使两侧道路与窄槽连接，形成路沟，行人可沿路穿窄槽而过。

为引人入洞，再于窄槽之东向南，凿石阶数级，登上石台南部。但此时石台已然为中间窄槽切断，不能达于洞口。设计者于是再于窄槽之上南北架一小桥通之。台分南北，一桥连之，北台有洞，而南台有小峰峙立，南台四周围以栏杆，可以凭之远眺。这种设计，曲折连环，令挂瓢洞在诸洞之中，别具趣味，成为佳境。

此地开洞，本无优势，营造者巧而用之，竟令景观反压诸洞，真可以令人击节赞叹者也。

鸡冠山石窟穿门楣之术，亦值得称颂，为另一个看点。

鸡冠山诸窟，原皆设有门，用以启闭。而门之固定法，亦有其巧处。细细品之，可见古人之智慧。

鸡冠山石窟结构大多相似，内大口小。其先于石壁上开一方形小门洞，门洞后凿为平面方形的大洞窟。门洞之内古时装有木门,可以开启。但今木门尽失,唯存装门之孔洞。现代管理者没有利用这些孔洞,而另设铁栅门启闭。

旧时门洞上部装有木门楣,楣内侧可以装二门扇之上枢,这里的门楣,相当于上门框。门楣为方形长杠,横插入门洞左右石壁之上部。但是门洞窄门楣长,直接插不进去,古人便想了很多办法安插门楣,也产生了许多技巧。

横装门楣,一般可以用平入下沉法,也可以用斜入下沉法,有些城门后的门杠就是用这种方法安装。但鸡冠山石窟用的是对穿法。对穿法即在门洞内开凿两孔,左右相对,一孔深,一孔浅。安装时将门楣一端先斜插入深孔,然后放平退回,另一端插入浅孔,这样门楣便算是装上了。但此时深孔内底还是空的,门楣稍向深孔方向移动,门楣另一端就会脱出落下。要解决这一问题,也有方法。古人从石窟的内壁,向深孔之底的垂直方向打一横孔与之贯通。穿入门楣后,通过这一横孔用另一短木塞入,将深孔内底的空间挤实。这样,其门楣无法左右移动,即坚固矣。外面之人除破门而入外,一般无法拆门。

此即为小技巧大用途也。

现代栈道连接古洞

这次鸡冠山之行，虽有收获，但发现这批古洞，与武关道上的许多崖窟结构并不一样。所以，那些高悬古道旁的崖窟，依然难窥其来历，继续保持着它们的神秘感。

神秘古洞巴人踪

自武关道越过秦岭，进入丹商盆地，古道沿丹江而行，但见水作琉璃绿，山呈赭石红，两岸景观与他处竟大不一样，具有了丹霞地貌特点。商丹盆地为典型的红色断陷盆地，第三纪红色堆积物堆积巨厚，许多地方达百米以上。经地质变动及流水长期侵蚀切割，形成许多红色低山丘陵。沿江则发育出千姿万态如丹霞地貌一般的红色绝壁，有的绝壁高达一二百米，俗称"红崖"。

开凿在绝壁上的石窟，如同神秘眼睛

沿古道有些绝壁上，高悬着一孔孔黑黝黝的古洞，如同许多双眼睛窥望着过往的行人，让人不禁产生一种神秘感。这些古洞，是什么用途，为何人所开，系何时所凿？无人能知，查之资料，亦无答案。

崖窟通常开凿在丹江或其支流沿岸的红色绝壁上，一般均高于水面几十米，最高者可达七八十米，常人难以攀登。崖窟往往成群出现，规模最大者一组达七十余窟，密密麻麻布满山崖，也有疏星点点，三两窟为一组者，甚或一窟独处一山者。窟口外观为一孔孔方形或长方形洞穴。

商州的一处崖窟群

二十世纪九十年代初，我曾在商州住过月余，整理并校正商洛地区文物普查的调查表。闲暇出游，对于古道沿线分布的大量古洞深感兴趣。那时，很少有人关心这些洞窟的来历，也未视其为文物，以致文物调查时，并未将这些洞窟列为调查对象。对此，我深以为憾，遂与地区文管会的王昌富先生商量，将这批古洞尽量调查登记，以丰富当地文物种类，增加文物数量。王昌富先生大喜，原来他也对此类洞穴感到不解，久有弄清之意，并且已攀数窟。当时下去并无此项任务，也没有经费，完全是自己多干的活。于是我们考察了许多古洞，编制了一批新的调查表。

大部分古洞开凿于绝险处，没有专业器具其实无法攀登。但能上的，还是上了许多。有的洞内，盘踞有长虫毒蜂等，最是危险。

清澈的杨峪河畔，一堵红色崖壁临河高耸，其上密密麻麻开凿了不少的洞窟。斜阳之下，远远望去，有一种异样之感，它们仿佛是布满窗户的一艘已经废弃、陈旧而无人踪的巨大客轮。这些石窟之开凿、应用、废弃，必然都有许多故事。如今，它们虽然耸立于我们面前，却属于另一个时代，一个遥远而且迷离的时代。

这里的岩石多为红色的砾岩，经过风化崩塌、流水侵蚀，往往形成绝壁孤峰，石窟就喜欢开凿于这些石壁的高处，上不着天下不接地，不见路径，也不知古人是如何开凿、如何上下的。

红色砾岩干燥后非常坚硬，但也易于风化。爬山时，山上能着足处本就狭窄不平，再加上足下常常有很多碎石细沙，踩上去沙石容易滑动。行于山道，常常如履薄冰，令人恐惧战栗不敢移动。特别是去扣抓那些突出的石角时，一用力，它们会突然松动，将你闪得几乎坠崖。王昌富先生尽管身手矫健，也曾被困于崖壁，欲上不能欲下不得，经人救助方才脱险。这种山比之一般的山更难攀登，所以，连当地人也不太敢上这些石窟。我们曾经设想在山头栽桩，拴上大绳，悬空吊下，但想到这种山石岩块疏松，绳索摩擦会使许多松土岩块落下，悬在绳子上的人无法躲避，易于受伤。同时这工程量也太大，非一时所易为，故未采纳。看来，足登软鞋，再带一把扫地的长柄笤帚，一步步扫去下足处的浮动沙石，是较好的选择。不过，这样扫地式的登山，天下恐怕也少有。但这办法，只能适合上那些有狭窄路径的低窟，对于高悬绝壁的石窟，就无可奈何了。

有次进入一洞，入洞后，正在打量其结构，突然感觉有物动弹，定睛一看，发现一条花蛇，粗如酒杯，正在石缝中扭动，令我立刻寒毛倒竖、全身冰凉。绝壁上无处逃跑，一跑就会滑下深渊，最后，只得缓缓退出。幸好蛇未攻击，不然，今天就不会有我这些文字了。

最初，猜测这些石窟是古代的崖墓。当第一次爬上一处石窟时，呈现在眼前的，却并非什么墓葬的棺木，内为一大方窟，空荡荡的，外有小方门洞，我们在山下看到的，就是这些门洞。古洞中，发现有灯窝，且内有黑色烟炱，也发现有石灶、石柜、石缸等生活设施，如同生活居住之地，其门洞中石壁也开凿有装门之石窝，证明当年也安装过木门。

有些石窟甚为高大，内壁一人多高的地方，左右壁上开凿有许多水平的石孔，可以架为二层木阁，上下居人。还有的洞窟，内部开凿有小洞相互连通，或许一窟群就是一村一族所居，人多开大窟，人少开小窟，亲族则窟间相通。不要说开凿石窟的艰辛，进入这些石窟都很困难。

极力搜寻可以断定时代的遗物，则诸窟皆空空如也。寻找石壁上的题字摩崖，也渺无踪迹。不过，有的石缸中有石灰勾缝防漏，让我们感到，

崖窟口部上方的孔

其时代或许不是太早。从这些迹象看,不太像墓葬,也不是长期生活之处,应当是典型的躲兵洞。古时兵匪横行,开凿这些躲兵洞,可以逃避那些路过的兵匪,也可以与兵匪进行短期的对峙。我到过丹江南岸"将军腿"的山峡中,那里有组石窟也非常令人震撼。传说躲匪之人被困崖上,后来尽数饿死,或曰全部被烧死。

这样的结论,也许让人意外。但当时进入的洞窟不多,避兵也许只是诸种情况之一。另外一些石窟,则属于宗教性质的洞窟,如一些石窟就叫佛爷洞、铜佛龛等,其时代则有隋唐者、明清者。这类洞穴较易进入,内部往往有神坛,甚至有刻字"阿弥陀佛"等宗教痕迹。像丹凤鸡冠山石窟,就大多为道教石窟,并有明代纪年题记。

当然,还有一些洞窟,极像崖墓,或者绝不能排除其中有崖墓。也许,最险处的石窟,崖墓的可能性更大。

但四川有些崖墓,内中既有棺,同时也有灶,两种器具生死与共。这又如何解释?它让我们一下子想起传说中令人有些恐怖的风俗"老人洞"来。说是父母年老至一定的程度时,家中就将他们送到崖窟之内,并备有一些食物,过一段时间,再送食物,直至老死。也有说只送一次,让其自生自灭。这些人,既这样对待长辈,其后辈也用同样的方式对待他们。所以,这些有灶的古洞,也许另有秘密。

总之，商洛这些崖洞的性质并不完全一样，但外观与形制比较相似，皆为崖壁上开凿的洞窟，所以，我认为称其为崖窟较为稳妥。

商州地区的这些崖窟，我一直疑心与古代的巴人有关。巴人有穴居之风，也有崖葬之习。《后汉书·南蛮西南夷列传》载"巴氏之子，生于赤穴"，这是穴居。《华阳国志·巴志》则记巴人祭祀祖先之诗曰："惟月孟春，獭祭彼崖。永言孝思，享祀孔嘉。彼黍既洁，彼牺惟泽。蒸命良辰，祖考来格。"巴人祭祀祖先，对的是"彼崖"，可能其先人即葬于高崖之上，这是崖墓。巴人本不处商州，但周武王伐商、汉高祖北定三秦，都曾借助过巴人之力，故有些巴人就被迁至商州，或安置于安康等其他地方。巴人在汉晋三国、南北朝时活动频繁，宋明之后，巴人史少记载。《隋书·地理志》："上洛、弘农，本与三辅同俗。自汉高发巴蜀之人，定三秦，迁巴之渠率七姓，居于商洛之地，由是风俗不改其壤。其人自巴来者，风俗犹同巴郡。淅阳、淯阳亦颇同其俗云。"这些迁民，还保持着自己的风俗。但随着历史的演进，他们渐渐与当地汉人融合，不复再称巴人。但他们喜欢红色的"丹崖"，喜欢开凿被称为"蛮洞"的洞窟之习则依然有所存留。这些红崖上开凿的洞窟，可以说就是丹穴或者赤穴。

开凿于洞窟下部的一排排孔洞

我曾猜想，这些洞穴开凿的目的与用途可以不同，后代也可以用其避兵，用之敬神，用之为墓。其开凿时代，也当有很长的延续，早至汉晋，近到明清，甚至近代，但其渊源风尚，却与巴人巴俗能挂上钩。

值得一提的是，这些洞窟之间，也发现有栈道之痕。

王昌富先生锲而不舍，后来对这些石窟进行了深入研究，成果甚著，可喜可贺。

我自商州回西安之后，单位一业务领导听说我节外生枝，竟去调查古洞，很是生气，所以，我便与这些神秘的崖窟挥手而别。但那段惊险而有趣的攀崖经历，那些高悬红崖之上，如同许多双眼睛似的凝望着人世的石窟，却长存心中，无法挥去。

后　记

这本书完成时，我如释重负，大松了一口气。对于我而言，要把栈道研究变成轻松有趣的叙述，文字讲得生动，真是难于上青天。所以，此书也是我写得最辛苦的一本，虽然交稿，却未能如愿，成为一件有些遗憾之事。

中国古代栈道，最辉煌最壮丽的那一幕早已过去，最后一批古栈道，也已从历史舞台上向世人谢幕。时至今日，可谓曲终人散，人去楼空。而我，则是幕落之后痴痴发呆、心中还沉浸于绕梁余音的那一个人。

回味那些已逝的历史，寻找云烟之中的栈影，是一种享受。而它们之渐行渐远，缥缥缈缈，也让人生出几分惜别之情。

我少年时期即爱游山，尤喜奇险之山，那是读李白的《蜀道难》，向往"天梯石栈相勾连"等奇景而落下的后遗症。初中登华山，闻听华山之南山栈道甚为绝险，游人多不敢至，便特地过了一遭。铁链悬空，下临无底，其中几段供脚踏的朽椽，又被人蹬下万丈深谷，只能两手攀铁链，足不沾地，一段段凌空吊着荡过，真是命系一线，惊险万状。

不想，自此之后，栈道竟然令我刻骨铭心，使我与之深深结缘。

1968年，我插队于巴山北麓的南郑，虽在农村，好游之习不改。劳作之余，一有机会便外出游览，恨不能"上穷碧落下黄泉"，将周边美景一网打尽。

随生产队买木材、购山货，数入巴山，行于大盘小盘，到过天明寺、二里坝，住过山村通铺、油灯昏暗的小店。路上，真正体会了"鸡声茅店月，人迹板桥霜"的韵味。曾游巴山深处的小南海、碑坝,看人采风,夜宿民家,围火盆吃洋芋米饭,听悠扬的巴山民歌。不知不觉,踏上了米仓古道。修阳安铁路当过民工,在大安西乡、金牛道、荔枝道上也有了自己的行踪。后工作于汉江机床厂七载,工厂与褒城隔河相望,古道上张良庙、石门,是我们春秋游览的主要目标。在汉中十多年间,往返西安所行,不是故道,便是褒斜道。

1978年,进西北大学学习考古,遂注目于古栈道。毕业后从事文物考古,与张廷皓、焦南峰二先生曾调查过蓝关道与子午道。后参与文物普查,十年奔走于全省,行经大部分古道。1985年夏,又与王子今、周苏平、张在明先生共同考察傥骆道,步行多日,收获良多。不能不提王子今先生,他早在求学期间,便骑一辆旧自行车,独自背包穿越秦岭,考察栈道,令人好生敬佩。2000年始,我主持调查大宁河栈道与瞿塘峡栈道,为那里的古栈道规模所震撼,对"栈道千里"有了深刻的体会,归来写成两部考察报告。2012年,承高大伦先生相邀,复与海内诸同仁考察米仓道。这些经历,加之自己多年所经古道,可以说,使我对于秦巴古道有了大略的了解,也有了很深的感情。

然而,关山万里,古道漫漫,个人之所行所见其实有限。今日所谓之栈道研究,充其量不过是雾中看花,浅尝其味而已。

虽然如此,依然感到有写一点东西的必要。

我们这一代人,大多经历复杂。像我在少年时代,也曾有梦有幻想。但梦是梦,现实是现实,冥冥之中,命运并不由自己安排。数十年间,居无定所,工作屡变。别人夸赞,叫阅历丰富,实则风涛所卷,身不由己,虽欲从一而终而不可得。诚如杜甫所说:"飘飘何所似,天地一沙鸥。"

农业时代、工业时代、电子时代,可以说是三种截然不同的社会历史阶段,中国社会在短短数十年间,发生了深刻巨变,从刀耕火种锄犁耕作,到现代农业;从大刀长矛到枪炮导弹;从瓦房木柱到水泥建筑;从肩背挑担、车推马驮到汽车火车;从小道羊肠到公路铁路……眼见逝者如斯,来者不停,花开花落,岁岁不同。人的一生,能亲历这些社会变化,穿行出入于其间,跨于三代,这种机会不多,甚至可以说千年不遇、万载难逢,但我欣逢其时,有幸赶上了。这些阅历,许多人或不以其为珍,但对于考古而言,则大有帮助。跨立于这一特殊历史位置,既可瞻前,又可顾后。

我想,旧去新来之际,如何不让二者失之交臂,则是当务之急。现代技术用来记录复杂结构的栈道及其环境,当不成问题;用来立体演示这些古道的形成、兴盛与衰落的历史,也不成问题。我们的记录方式,已经落后了。

写作之时,孙儿在旁蹒跚而步,咿呀学语,令我心情放松不少。他们这一代人长大之后,许多事物已如东流之水,去而不返。能将一些历史尽力记录下来交给后人,也是一种使命吧。

感谢曾经与我相伴,同入深山踏勘栈道的同事朋友;感谢月夜雨中,帮助过我的山民乡亲;感谢支持我的亲友;感谢张亚军先生与李萧女士为本书提供线路底图。

特别感谢出版社王慧子和杨杰对我的多方帮助,没有他们对本书的精心策划和长期关心,此书可能就无法完成。

2016 年 3 月 9 日于西安